Dagobert Kohlmeyer

DUELL
IN DEN WOLKEN

Schach–WM Kasparow–Anand

Intel
World
Chess
Championship
1995

Garry Kasparov
versus
Vishy Anand

World Trade Center
Observation Deck

September 11, 1995 through October 13, 1995	on Mondays Tuesdays Thursdays Fridays 3:00pm	For Tickets Call 1 800 388 KING

Garri Kasparow
13. Weltmeister der Schachgeschichte
geb.: 13.04.1963 in Baku

Viswanathan Anand
geb.: 11.12.1969 in Madras

New Yorks Bürgermeister Rudolph Giuliani macht den ersten Zug

Dagobert Kohlmeyer

DUELL
IN DEN WOLKEN

Schach–WM Kasparow–Anand
New York

Verlag Bock & Kübler

© Verlag Bock & Kübler, 1995

Berlin und Fürstenwalde

Fotos: D. Kohlmeyer, Berlin

dpa ZB (4)

Kevin Dyke (1)

Rosa de las Nieves (1)

Lektor: Franz Stahl

Satz/Gestaltung: Kathrin Steuer

Diagramme: Schachagentur Berlin

Lithos: City – Repro Berlin – Mitte GmbH

Gesamtherstellung:

Offizin Andersen Nexö Leipzig GmbH

Printed in Germany

ISBN 3 – 86155 – 073 – 3

Inhalt

Vorwort

Welcome to Top of the World! Willkommen auf dem Dach der Welt in der 107. Etage des World Trade Centers von New York! Noch nie hat eine Schachweltmeisterschaft in solcher Höhe stattgefunden.

Garri Kasparow aus Rußland und Viswanathan Anand aus Indien stritten dort im Herbst 1995 um die Krone der Professional Chess Association. Der ungewöhnliche Schauplatz bildete einen spektakulären Rahmen für ihr "Duell in den Wolken". Die beiden Schachgenies absolvierten ihre Züge auf der Aussichtsplattform des berühmtesten Wolkenkratzers von Manhattan hoch über der Wallstreet.

Ursprünglich war vorgesehen, das WM–Match in Deutschland auszutragen. Warum es nicht dazu kam, wird in diesem Buch ebenso ausführlich dokumentiert wie die einzelnen Partien der Profi–Weltmeisterschaft von New York. In Wort und Bild erleben Sie ein neues Kapitel der jüngsten Schachgeschichte.

Beide Spieler versprachen ein spannendes Match.

Der 32jährige Garri Kasparow wurde im offiziellen WM–Programm mit den Großen des Sports wie Pele und Muhammed Ali verglichen: "Er ist der Michael Jordan des Schachs und

verwirrt seine Gegner mit unglaublichen Zügen und dynamischen Mattangriffen." Der 13. Champion regiert die Schachwelt seit 1985. Kasparow übertraf vor einigen Jahren Bobby Fischers Rating–Rekord und gilt seither als stärkster Maestro in der Geschichte.

Auf der anderen Seite des Schachtischs saß der 25jährige Viswanathan Anand. Er tauchte Ende der 80er Jahre urplötzlich in der internationalen Szene auf, als er Juniorenweltmeister wurde. Von da an ging die Karriere des Großmeisters aus Madras steil nach oben. Anands Hauptmerkmal ist die unglaubliche Schnelligkeit, mit der er seine Züge ausführt. Keiner kann sich in dieser Beziehung mit ihm messen. Während Weltklassespieler bei einer Partie scheinbar in Agonie verfallen, braucht der Inder für ein ganzes Spiel manchmal nur wenige Minuten.

Kasparow trug in New York die Bürde des Favoriten. Er wollte als zweiter Mensch in der 109jährigen Geschichte der Schachweltmeisterschaften seinen Titel zum fünften Mal in Folge erfolgreich verteidigen.

Dem freundlichen Außenseiter Anand galten die Sympathien der Schachwelt. Mit ihm bewarb sich erstmalig ein Spieler

aus der Dritten Welt um die Königskrone. Die New York Times wählte eine lange, originelle Überschrift:

"Die 64–Felder–Frage: Wer ist Anand, ein stiller Ritter? Kasparow wird es herausfinden."

Wie die beiden Schachelden bei ihrem Duell in den Wolken darauf geantwortet haben, davon handelt dieses Buch.

Berlin, Oktober 1995
Dagobert Kohlmeyer

Ein Spiel mit Geschichte

Das Schach ist Jahrtausende alt. Bis heute hat das Spiel der Könige nichts von seiner Faszination eingebüßt.

Schachweltmeisterschaften gibt es seit 1886. Erster offizieller Champion in der Geschichte war der Tscheche Wilhelm Steinitz. Ihm folgte der Deutsche Emanuel Lasker. Er saß 27 Jahre (!) – so lange wie kein anderer – auf dem Schachthron. Jüngster Weltmeister aller Zeiten wurde 1985 mit 22 Jahren Garri Kasparow aus Baku, der Hauptstadt Aserbaidshans.

Über 100 Jahre Schachweltmeisterschaften im Rückspiegel – das bedeutet einen Blick auf ganz verschiedene Epochen. Jede von ihnen hatte ihren eigenen König. Er verkörperte eine bestimmte Ära und prägte die Spielauffassung seiner Zeit.

Wilhelm Steinitz stellte die ersten Regeln der Schachlogik auf und gab den Spielern damit ihr Einmaleins. Emanuel Lasker betonte vor allem die psychologischen Aspekte des Schachs. Der geniale Kubaner Jose Raoul Capablanca war in der Spieltechnik unerreicht. Alexander Aljechin aus Rußland, der ihn entthronte, imponierte besonders durch Intuition und Phantasie am Brett. Michail Botwinnik, Patriarch der sowjetischen Schachschule,

begründete das wissenschaftliche Herangehen an das Spiel der Spiele. Michail Tal, der Zauberer aus Riga, erhob Schach in den Rang einer schönen Kunst. Boris Spasski aus Leningrad war der erste universelle Spieler, und mit Bobby Fischer begann vor einem Vierteljahrhundert die moderne Zeitrechnung des Schachs. Anatoli Karpow aus Moskau, Nachfolger des Amerikaners, erzielte mit seinem pragmatischen und filigranen Stil die meisten Turniererfolge in der Schachgeschichte.

Für Garri Kasparow, der heute unter russischer Flagge spielt und als stärkster Spieler aller

Zeiten gilt, ist Schach nicht nur Sport, sondern vor allem Kampf. Das stellte er im New Yorker Duell gegen Viswanathan Anand erneut eindrucksvoll unter Beweis.

Der junge Inder – eines der größten Talente, die das Schach kennt, – verkörpert die neue Spieler–Generation des Jahres 2000. Jedesmal gab der Wettstreit um die Krone der Entwicklung des Schachs kräftige Impulse. Auch die Weltmeisterschaft 1995 im Manhattaner World Trade Center.

Die Partien von Kasparow und Anand bei ihrem Duell in den Wolken werden in die Annalen des königlichen Spiels eingehen.

Der lange Weg nach New York

Vor jeder Schachweltmeisterschaft müssen drei Kardinalfragen geklärt werden: "Wo soll das Match stattfinden?"; "Wann wird gespielt?" und "Wie hoch ist der Preisfonds?"

In der Vergangenheit wurde die Beantwortung dieser Fragen nicht selten zum Pokerspiel. Manchmal geriet die Suche nach WM–Ausrichtern und –Börse auch zur Posse. Weil es bei einem solchen Ereignis um

viel Geld und um die Machterhaltung in der Schachwelt geht, diktierte der amtierende Champion in der Vergangenheit meist die Bedingungen. Ein extremes Beispiel dafür war der deutsche Weltmeister Emanuel Lasker. Er konnte sich u.a. auch deshalb so lange auf dem Schachthron halten, weil er seinen jeweiligen Herausforderern häufig unerfüllbare Forderungen stellte.

In unserer Zeit erreichte der Professionalismus im Schach durch Bobby Fischer neue Dimensionen. Die heutige Spieler–Generation profitiert ganz eindeutig von der Vorreiterrolle des egozentrischen Amerikaners und versucht, WM–Matchs so teuer wie möglich zu vermarkten. Besonders Garri Kasparow versteht es wie kein zweiter, Sponsoren aufzutun und Gelder in Millionenhöhe für Turniere und Weltmeisterschaften zu organisieren. Aber auch er ist nicht unfehlbar und macht hin und wieder die Rechnung ohne den Wirt.

1993 gründete Kasparow mit Nigel Short die Professional Chess Association (PCA), um das anstehende WM–Match in eigene Regie zu nehmen. Der von der FIDE ausgelobte Preisfonds für den vorgesehen Austragungsort Manchester war beiden Schachstars zu gering. Die Rebellen Kasparow und Short erhielten bei ihrem von der "Times" gesponserten WM–Kampf in London tatsächlich mehr Geld, als die FIDE aufgebracht hätte. Da es aber seither zwei Schachverbände und zwei Weltmeister gibt, mußte der Marktwert jedes dieser Duelle um die Krone zwangsläufig sinken. Ein Schnitt ins eigene Fleisch. Das große Geld ist erst wieder zu machen, wenn ein Schachweltmeister in einem Supermatch ermittelt wird.

Insider erinnern sich, daß die WM 1993 zunächst in Los Angeles, dann in Manchester gespielt werden sollte. Aus den bekannten Gründen landete man schließlich in London.

Wer würde 1995 Austragungsort sein? Als erster Name fiel München, dann kamen Madrid und Dortmund ins Spiel. Später wechselte man ins benachbarte Köln. Im Sommer 1995, wenige Wochen vor Matchbeginn, erfolgte der überraschende Sprung nach New York. Wir wollen versuchen, die Chronologie des WM–Hickhacks nachzuzeichnen.

Zum Thema Dortmund äußerte sich Kasparow erstmalig Ende 1994 nach der Schacholympiade in Moskau.

Zu 95 Prozent Dortmund

Garri Kasparow gewann bei der Olympiade mit Rußland nicht nur Gold, er wurde auch zum großen Sieger auf schachpolitischem Gebiet. Der 31jährige verhalf dem umstrittenen Florencio Campomanes zur Wiederwahl als FIDE–Präsident und verabschiedete gemeinsam mit dem Weltschachbund eine Deklaration, die ausschließlich die Handschrift seiner Profiorganisation PCA trägt. Alles verlief nach seinem Szenario. In einem Interview mit der Moskauer Zeitung "Sport Expreß" gab der Champion Auskunft über seine nächsten Pläne und den weiteren Lauf der Schachwelt, den er gegenwärtig wie kein zweiter zu beeinflussen gewillt ist. Er verzichtete nicht auf kräftige Seitenhiebe gegen seinen Erzfeind Anatoli Karpow, der in Moskau nicht im russischen Team spielte und dem Kasparow nur den Titel Exweltmeister zugesteht. In dem Gespräch teilte Kasparow zum ersten Mal öffentlich mit, warum er 1995 seinen Titel in Dortmund verteidigen wollte.

In der Deklaration zwischen PCA und FIDE ist von einem "Vereinigungsmatch" im Jahre 1996 die Rede. Wen wünschen Sie sich denn als Gegner?

Zuerst einmal muß ich 1995 auf jeden Fall meinen Titel gegen Anand oder Kamsky verteidigen.

Aber wenn Karpow das 'Alter' nochmal abschüttelt?

Für das Schach wäre es interessanter, wenn ich einen neuen WM–Gegner bekäme. Leider gibt es dort, wo Karpow ist, immer Skandale und Konflikte. Ich hoffe, im PCA–Zyklus auf Vishy Anand zu treffen. Das würde ein schönes Duell. Es steht übrigens zu 95 Prozent fest, daß Dortmund der WM–Austragungsort sein wird. Ein

Vertrag zwischen PCA und ARD wurde schon unterschrieben.

Interessant dabei ist, daß das Schicksal des WM–Matchs nicht von der Höhe des Preisfonds entschieden wurde, wie das früher war, sondern auch durch die Tatsache, daß das Erste Deutsche Fernsehen eine große Anzahl von Sendestunden zur Verfügung stellt. Das Fernsehen wurde für uns zum wichtigsten Faktor.

Wir hoch wird das Preisgeld in Dortmund sein?

Zwei Millionen Dollar. Daß der Preisfond sich verringert hat, ist auch dem Zeitgeist geschuldet. Die Summe stellt den realen kommerziellen Wert dieses Ereignisses dar. Notwendig ist es auch, das Match zu verkürzen. Es wird über 20 Partien gehen und fünf Wochen dauern. Vier Partien pro Woche an genau festgelegten Tagen. Später werden wir die WM–Kämpfe auf 16 Partien verkürzen und mit vier Wochen auskommen.

vom Vertrag zurücktreten können, falls die Unterstützung durch Sponsoren in Dortmund nicht ausreichen sollte. Diese ungewöhnliche Vorsichtsmaßnahme von PCA–Manager Bob Rice, der in New York eine Anwaltskanzlei betreibt, wird von der Stadt Dortmund als nicht zumutbares Ansinnen zurückgewiesen.

Auf einer Pressekonferenz am 18. Januar 1995 erläutern die westfälischen Veranstalter ihre Gründe für das Zurücktreten von der WM–Vereinbarung mit der PCA. Wie der Sprecher der Stadt Dortmund, Gerd Kolbe, erklärt, gebe es noch immer unterschiedliche Auffassungen in der Vertragssubstanz. Die Verhandlungen seien zur Hängepartie geworden. In einem Brief an die PCA werden die Gründe für die Absage aufgelistet.

Das Revier winkt ab

Mit diesem Interview hatte sich Kasparow weit aus dem Fenster gelehnt und Dortmund eindeutig favorisiert. Gespräche zwischen ihm und zwei Schachorganisatoren der westfälischen Stadt im Moskauer Hotel "Kosmos" erhärteten die Annahme, daß nun der Springer lief und der traditionsreiche Schachtreffpunkt Dortmund mit größter Wahrscheinlichkeit eine Weltmeisterschaft erleben würde. Es wäre die erste seit über 60 Jahren in Deutschland. Die Stadtväter reagierten prompt und sagten Unterstützung für das Match zu, indem sie mit 350 000 Mark für Organisationskosten bürgten. Alles schien zum Jahreswechsel 1994/95 klar zu sein. Mit dem Harenberg City–Center war eine schöne Spielstätte ge-

funden, das Fernsehen wollte in Gestalt des WDR groß einsteigen – es seien nur noch einige vertragliche Details zwischen PCA und Veranstaltern zu regeln, hieß es. Der Deutsche Schachbund hatte Kooperation in Form von Öffentlichkeitsarbeit und landesweiten Rahmenveranstaltungen zugesagt.

In die euphorische Stimmung platzt Mitte Januar die Nachricht aus Dortmund, daß die Verhandlungen mit der PCA in letzter Minute gescheitert sind, weil die Profiorganisation eine Garantie für die Durchführung des Wettkampfes ablehnt. Es gibt zunächst keine offizielle Erklärung darüber, aber hinter vorgehaltener Hand verlautet, man wolle noch sechs Wochen vor Beginn der Schach–WM

**PCA–Weltverband New York
Herrn Präsidenten Rice**

**PCA Europa
Herrn Präsidenten Friedel**

18.01.1995

Gemeinsame Erklärung der Stadt Dortmund und des Harenberg City–Centers zur "PCA–Schachweltmeisterschaft 1995"

Sehr geehrter Herr Rice,

Sehr geehrter Herr Friedel,

zu unserem großen Bedauern, aber in übereinstimmender Überzeugung, müssen wir Ihnen leider mitteilen, daß wir das Angebot, die PCA–Schach–WM von Mitte September bis Mitte Oktober 1995 im Harenberg City–Center durchzuführen, nicht mehr aufrechterhalten können.

Sie, Herr Friedel, haben in unseren gemeinsamen Gesprächen mit Herrn Hartmann (Fairway Marketing) im November und Dezember 1994 überzeugend die Vision einer high–tech–gestützten und in ein attraktives internationales Rahmenprogramm eingebetteten Schach–WM entworfen, die sowohl für die PCA als auch für alle weiteren Beteiligten eine weltweit positive Resonanz mit entsprechend zielorientierten Imagegewinnen erwarten läßt. Diese Vision war und ist auch heute noch faszinierend.

Allerdings waren wir bereits im vergangenen Jahr gemeinsam der Ansicht, daß ein so anspruchsvolles Projekt auch einen angemessenen und an den Absichten und Zielen orientierten Zeitrahmen erfordert. Deshalb sollte die Entscheidung über Dortmund als Austragungsstadt definitiv für die Organisation und die Durchführung bis zum Ende des Jahres 1994 erfolgen.

Diese Absicht konnte leider deshalb nicht konkretisiert werden, weil trotz aller Fortschritte in den Gesprächen und Verhandlungen die Vertragsgestaltung über das Projekt bis zum 31.12.94 nicht abgeschlossen worden ist. Unter Berücksichtigung der aktuell immer noch bestehenden unterschiedlichen Auffassungen in der Vertragssubstanz sehen wir auch keine kurzfristige Möglichkeit, zur Vertragsreife vorzustoßen.

Die Vorbereitung und Durchführung großer nationaler und internationler Events gehört zu unserem täglichen Geschäft. Wir glauben auch, mit Risiken – so auch mit Zeitrisiken – durchaus umgehen und sie richtig einschätzen zu können. Die Grenze müssen wir jedoch aus guten Gründen dort ziehen, wo die gemeinsam formulierten Ziele aus unserer Sicht nicht mehr 100%ig realisiert werden können. Dieser Punkt ist nunmehr erreicht. Deshalb sehen wir uns gezwungen, in unserer Verantwortung für die Dortmunder Bürger und für das Unternehmen Harenberg, aber auch deshalb, um Ihnen und Ihrem Hause die Möglichkeit einzuräumen, unverzüglich anderweitig zu disponieren, Ihnen unsere o.g. Entscheidung zu unterbreiten.

Wir bedauern diesen Schritt, weil unsere bisherigen Kontakte und Gespräche von einem positiven Geist durchzogen waren. Wir hätten auch weiterhin gern mit Ihnen zusammengearbeitet und das Projekt "PCA–Schachweltmeisterschaft 1995" gemeinsam realisiert.

Seien Sie der Tatsache versichert, daß wir auch in Zukunft allen PCA–Projekten – so zum Beispiel auch späteren Weltmeisterschaften – sehr positiv und offen gegenüberstehen und jederzeit zu Gesprächen mit Ihnen und den von Ihnen Beauftragten bereit sind.

Mit freundlichen Grüßen

Gerd Kolbe

Stadt Dortmund

Büro für Presse und Öffentlichkeitsarbeit

Bodo Harenberg

Harenberg City–Center

Variante 2: Köln

Nach Dortmunds Absage wird schnell deutlich, daß Kasparow seinen Titel dennoch in Deutschland verteidigen will. Nicht nur, weil die Zeit drängt. Eine Stadt im Nordrhein-Westfälischen Revier soll möglichst Austragungsort sein, da die ARD der Übertragung des Matchs sehr viel Sendezeit zur Verfügung stellen will. Nicht zuletzt deshalb fällt nach dem Scheitern der Verhandlungen mit Dortmund die Wahl auf Köln, wo der schachfreundliche WDR zu Hause ist. Die Vereinbarung zwischen PCA und ARD sieht vor, daß der größte deutsche Regionalsender nicht nur live von dem Schach-Duell berichtet, sondern nach jeder Partie auch eine 30-Minuten-Sendung ausstrahlen soll. Diese kann dann in verschiedenen Dritten Programmen wiederholt werden. Eine großflächige Werbung für das Schach ganz im Sinne von Garri Kasparow, der da meint, daß die Möglichkeiten der Vermarktung noch lange nicht ausgeschöpft sind.

Der Schwenk von Dortmund ins benachbarte Köln erfolgt innerhalb weniger Tage. Schachkönig Garri hält am 9. Februar im Hyatt-Hotel Hof und verkündet, daß er seinen Profiweltmeistertitel vom 10.September bis 15. Oktober 1995 in der Domstadt verteidigen werde. Die Pressekonferenz ist gut besucht, die Erklärungen aller Beteiligten klingen definitiv.

Aufatmen in der hiesigen Schachszene, denn damit würde erstmals seit über 60 Jahren wieder ein Schachweltmeister in Deutschland ermittelt. 1934 gewann der Russe Alexander Aljechin gegen seinen in Deutschland eingebürgerten Landsmann Jefim Bogoljubow mit 15,5 : 10,5.

Von den gescheiterten Vertragsverhandlungen mit Dortmund ist bei dem PR-Termin in Köln kaum noch die Rede. Bürgermeisterin Renate Canisius gesteht aber offen ein, daß ihre Kommune auf Grund der dünnen Finanzdecke keinerlei Mittel aus dem Stadtsäckel für das Schachspektakel bereitstellen könne. Dortmunds Stadtväter waren immerhin zu einer beträchtlichen Ausfallbürgschaft für die Organisationskosten bereit. Köln stellt mit der 1994 erbauten Rheinhalle nur das Ambiente. Aber auch die Spielstätte kostet Miete.

Dennoch hat die Domstadt zur allgemeinen Überraschung das Rennen gemacht und darf sich freuen. Frau Canisius nennt ihre Teilnahme an der Pressekonferenz eine der angenehmsten Aufgaben ihres Terminkalenders und betont:

"Nicht alle Tage, meine Damen und Herren, erhält Köln die Chance zur Ausrichtung einer Weltmeisterschaft. Schon gar nicht im Bereich Schach." Köln sei zwar in aller Welt als Sportstadt durch Fußball, Leichtathletik und Eishockey bekannt, aber nur Eingeweihte wissen, daß es hier die größte Dichte von Schachklubs gibt, größer als beispielsweise in Nordrhein-Westfalen. Daß einer der erfolgreichsten deutschen Klubs in Porz beheimatet ist, mache natürlich ganz besonders stolz.

Die Kommunalpolitikerin zeigt sich dankbar, daß ihre Stadt durch das Engagement der Firma Intel als Geldgeber den Zuschlag für die Durchführung der Schachweltmeisterschaft erhalten konnte. Wir würden uns hier noch mehr solche hochkarätigen Sportereignisse wünschen, sagt sie. Aber angesichts der riesigen Lasten, die eine Millionenstadt wie ihre auf dem Sozialsektor zu tragen habe, werde die Umsetzung derartiger Vorhaben immer schwieriger.

Frau Canisius äußert die Hoffnung, daß Köln eine spannende Schachweltmeisterschaft erleben werde und wünscht Garri Kasparow sowie seinem noch nicht feststehenden Herausforderer viel Erfolg. Mit Aufmerksamkeit wird der Hinweis des deutschen PCA-Vertreters Frederic Friedel registriert, daß bei der Weltmeisterschaft alle technischen Finessen geboten werden. Die Zuschauer im Spielsaal würden Gelegenheit erhalten, jeden einzelnen Zug sowie die Regungen der Spieler auf großen Monitoren hautnah zu verfolgen, auch wenn sie ganz weit entfernt von der Bühne sitzen. Das Einzigartige in Köln werde darüber hinaus sein, daß man jeden Augenblick einer WM–Partie nicht nur in der Rheinhalle, sondern nach Wunsch auch im Ausland erleben könne. Die Spielstätte solle mit Networks in der ganzen Welt verbunden werden. Friedel: "Wir wollen damit zeigen, wie klein die Erde geworden ist. Zum Beispiel dauert eine Direktübertragung nach Neuseeland per Satellit heutzutage nur eine Sekunde."

Nicht zu vergessen die Interessen des Hauptsponsors Intel, der sich von seinem finanziellen Engagement für die Schachweltmeisterschaft natürlich eine Menge verspricht. Der Softwarehersteller drängt mit seinen Produkten verstärkt auf den deutschen Markt. Durch die Siege von zwei mit dem Pentium–Prozessor beschleunigten Schachprogrammen über Kasparow bei einer Blitzpartie in München und beim PCA–Grand Prix 1994 in London hatte das Unternehmen eine weltweite Werbung, wie man sie sich nicht zugkräftiger wünschen kann. In diesem Lichte erscheint die Summe von 1,5 Millionen Dollar Preisgeld für das WM–Match gar nicht so

Pressekonferenz in Köln

PR–Termin in Köln: v.l.n.r. Nigel Short, Antoine Blanc–Shapira, Garri Kasparow, Hans Geyer, Frederic Friedel

hoch, wenn man bedenkt, daß 1993 der ungefähr gleiche Betrag – als WM–Börse von Manchester ausgelobt – zum Anlaß für Kasparow und Short wurde, der FIDE ade zu sagen und die PCA zu gründen. Weil seither zwei Schach–WM–Titel ausgespielt werden, sinkt eben auch der reale Marktwert eines Kasparow. Garri ist und bleibt aber nach den Worten von Hans Geyer, Intel–Manager für Europa, "die treibende Kraft" im Weltschach. Das große Geld dürfte jedoch erst wieder beim WM–Vereinigungsmatch 1996 mit dem nächsten FIDE–Champion fließen. Intels Philosophie ist es, die Börse lieber auf mehrere Schachwettbewerbe, darunter die spektakuläre Grand–Prix–Serie, zu verteilen, die auch 1995 wieder in vier Weltmetropolen stattfand. Insgesamt erhielt die PCA für ihre Aktivitäten 1995 vom Chip–Hersteller 2,4 Millionen Dollar.

Als seinen WM–Wunschgegner nennt Kasparow den Inder Viswanathan Anand, der im März das WM–Kandidatenfinale des Profiverbandes PCA gegen Gata Kamski (USA) bestreitet. Viswanathan spiele einfach das bessere Schach, ist vom Champion in Köln zu hören. Und der Inder werde die 1994 beim FIDE–Kandidatenmatch in Sanghi Nagar gegen Kamsky begangenen Fehler hoffentlich nicht mehr machen. Der nette Junge aus Madras ist Kasparow in der Tat lieber, das glaubt man ihm aufs

Wort. Von Anands Seite drohen zumindest keine Angriffe außerhalb des Bretts, was man ja bei Gata Kamsky oder besser gesagt dessen Vater Rustam vorher nie weiß. Allerdings wird Garri Kasparow ganz tief in seinem Inneren die schachliche Klasse Kamskys längst anerkannt haben und sicher auch fürchten. Der Weltmeister verlor 1992 beim Chess Meeting in Dortmund schon einmal gegen den damals 17jährigen Gata. Inzwischen ist der Exilrusse weiter gereift und hat in seinen Kandidatenkämpfen – ob bei PCA oder FIDE – mit Wladimir Kramnik, Nigel Short und Vishy Anand – alle Favoriten geschlagen. Auch von Waleri Salow war Kamsky im WM–Halbfinale der FIDE nicht zu stoppen.

Der WDR nutzt Kasparows Köln–Aufenthalt, um dem Weltmeister eine öffentliche Revanche gegen das elektronische Schachprogramm "Genius" anzubieten, das ihn in London besiegte. Als Aufzeichnungstermin wird der 20. Mai 1995 vereinbart. Kasparow hat zwar Respekt vor der enorm schnellen Rechenleistung des Computers, aber in schachlicher Hinsicht glaubt er noch immer mehr an seine eigenen Fähigkeiten als an die des Elektronenhirns. Er plädiert dafür, den Kampf Mensch gegen Maschine künftig als eigenständige Disziplin einzuführen. Wenn es nach der Firma Intel ginge, so deren Eu-

ropa–Manager Hans Geyer, soll vorher noch ein Schachprogramm in Verbindung mit dem Pentium–Prozessor Weltmeister werden.

Garri Kasparow verbindet seinen Köln–Besuch mit weiteren PR–Auftritten. Nach einem Fototermin am Rhein vor der Kulisse des Doms, bei dem wir zum Glück schönes Wetter haben, gibt er am Nachmittag im Hyatt–Hotel eine Simultanvorstellung für prominente Persönlichkeiten aus Politik, Wirtschaft, Kultur und Sport. Man sieht dort unter anderen den Kabarettisten Thomas Freitag, den Schauspieler Peer Augustinski und Porz–Manager Wilfried Hilgert. Alle mühen sich redlich, aber nach nur einer Stunde im Laufschritt hat der Welmeister die Schachamateure mit 19:0 abgefertigt. Auch Wilfried Hilgert, der Kasparow mit Albins Gegengambit überlisten will, ist kein Erfolg beschieden. Der Champ schaut zwar an diesem Brett während der Eröffnung etwas länger als bei den anderen in die Stellung, doch schließlich muß der Porzer Mäzen die Klasse des Maestros anerkennen.

Nach dem euphorischen Auftritt Kasparows an diesem Februartag ahnt kein Mensch, daß noch einmal alles ganz anders kommen soll. Die Schachwelt interessiert sich jetzt erst einmal dafür, wer Kasparows Herausforderer werden wird.

Im Kandidatenkarussell

Bevor Vishwanathan Anand dieses stolze Ziel erreichte, mußte er einen steinigen Weg zurücklegen. Dieser begann Ende 1993 im holländischen Groningen, wo der indische Großmeister das Interzonenturnier der PCA gemeinsam mit dem Engländer Michael Adams als Co-Sieger beendete. Im internationalen Spitzenschach gab es ab diesem Zeitpunkt – bedingt durch die Existenz zweier Verbände – praktisch keinen Stillstand mehr.

New York erlebte im Juni 1994 die ersten Kandidatenkämpfe zur Weltmeisterschaft der PCA. Für das Viertelfinale hatten sich in Groningen sieben Großmeister qualifiziert, zu denen Nigel Short, Kasparows WM-Herausforderer von 1993, stieß. Das Los bescherte die Ansetzungen Short (England) – Gulko (USA), Kramnik (Rußland) – Kamsky (USA), Anand (Indien) – Romanischin (Ukraine) und Tiwjakow (Rußland) – Adams (England).

Short als Vorberechtigter, Adams und Anand als Co-Sieger von Groningen sowie Kamsky waren gesetzt worden, ihnen wurden die vermeintlichen Außenseiter zugelost. Mit 18 Lenzen ging Wladimir Kramnik als jüngster Großmeister ans Brett, ältester Teilnehmer war Boris Gulko mit 47 Jahren.

Für jedes Duell sah das Reglement acht Partien vor. Sollte ein Spieler vorzeitig 4,5 Punkte erreichen, bedeutete dies bereits die Entscheidung. Bei einem 4:4 waren Tiebreakpartien mit verkürzter Bedenkzeit zu spielen. Der Preisfonds in New York betrug 200 000 Dollar, auf jedes Match entfielen 50 000.

Sponsor war wie bei allen Aktivitäten der PCA die amerikanische Softwarefirma Intel, die auch die Grand-Prix-Serie der Schachprofis finanzierte.

Die ausgelosten Ansetzungen waren nicht ohne Reiz. Da auch Schachspieler sehr gern Wetten abschließen, gab es im Vorfeld unzählige Tips, wie die einzelnen Duelle wohl ausgehen würden. Und mancher, der auf seinen Favoriten gesetzt hatte, sollte sich – zumindest in einem Falle – ganz schön täuschen. Zu eindeutig schienen zumindest Anand, Short und Kramnik prädestiniert zu sein, die nächste Runde zu erreichen. Doch manchmal kommt es eben anders...

Bei einem seiner Besuche im Berliner Schachcafe "Belmont" tippte Wladimir Kramnik auf Bitten des Autors:

Short – Gulko 4,5:3,5, Kramnik – Kamsky: Enthaltung, Anand – Romanischin 4,5:2,5 (vorzeitig), Tiwjakow – Adams

4,5:3,5. Wie sich später zeigte, lag er damit nicht ganz richtig, aber auch nicht so schlecht. Bei meiner eigenen Prognose favorisierte ich Anand und Kramnik sowie die beiden Engländer Short und Adams, die nach meinen Vorstellungen allesamt um 5 Punkte erreichen sollten. Betrachten wir nun Match für Match.

Kamsky – Kramnik – 4,5 : 1,5

Zur Auslosung am 6. Juni 1994 im Trump Tower von New York erhielt Gata die weißen Steine. Der inzwischen 20jährige Kamsky machte sich beim ersten Heimspiel wenige Tage nach seinem Geburtstag selbst das schönste Geschenk, indem er den verwickelten Kampf mit Damenopfer nach 41 Zügen für sich entschied. Damit noch nicht genug, der 1989 in die Staaten ausgewanderte Großmeister gewann auch die zweite Partie, allerdings stand ihm das Glück zur Seite, weil Kramnik in der Zeitnotphase eine Mattdrohung übersah. Was war los mit dem Favoriten? Es folgten drei Remispartien. Wladimir konnte den Abstand nicht verringern, sein Gegner gab sich keine Blöße. Kamsky zeigte sich wie schon vorher bei seinem Sieg auf Gran Canaria (vor Karpow!) in bestechender Form. Kramniks Leistungskurve zeigte dagegen klar nach unten. Exweltmeister Boris Spasski, der sich in der ersten Junihälfte in Monaco beim Turnier Ladies – Veteranen einige Partien aus New York ansah, schüttelt nur den Kopf über die hohe Fehlerquote. Sein Kommentar: "Die jungen Leute spielen Computerschach. Sie machen Züge, die unsereinem früher niemals in den Sinn gekommen wären."

In der sechsten Partie versuchte Wladimir als Anziehender noch einmal alles, um das Blatt zu wenden, aber ohne Erfolg. Er ging unter, die Überraschung war perfekt.

Anand – Romanischin – 5 : 2

Der Inder galt als klarster Favorit und wurde dieser Rolle auch überzeugend gerecht. Für den alten Haudegen Oleg Romanischin (42) war es schon ein Riesenerfolg, sich überhaupt für das Kandidaten–Viertelfinale der Profiweltmeisterschaft qualifiziert zu haben.

Nach einem Auftaktremis schaltet Vishy den Turbo ein und zog auf 2,5:0,5 davon. Die Vorentscheidung war damit bereits gefallen. Nach drei Remisen, als Anand bei 4 Punkten angelangt war, kämpfte er seinen tapferen Gegner aus der Ukraine in der siebten Partie in einem Turmendspiel mit Schwarz nach 83 Zügen nieder und beendete das Match – wie zuvor schon Kamsky gegen Kramnik – vorzeitig zu seinen Gunsten. Das standesgemäße 5:2–Resultat überraschte niemanden. Frappierend aber war wieder die Geschwindigkeit, mit der der

24jährige Großmeister aus Madras agierte. Er brauchte weniger als die Hälfte Bedenkzeit wie sein Kontrahent. In der dritten Partie reichen ihm zum Beispiel für 40 Züge ganze 24 Minuten, Romanischin brütete dagegen glatte zwei Stunden! Im vierten Spiel lautete das Verhältnis 0:28 zu 1:31, im fünften 0:40 zu 1:40, im sechsten 0:58 zu 1:56 und in Runde sieben bei der längsten Partie 2:00 zu 3:29 Stunden. Dreimal, und zwar immer, wenn Anand Weiß hatte, wurde Spanisch gespielt, was ihm 2:1 Punkte einbrachte.

Short – Gulko
– 4 : 4 (2,5:1,5)

Nach seinem Londoner WM–Match gegen Garri Kasparow hatte Nigel Short lange pausiert und erst im Mai in Amsterdam wieder in einem Turnier mit normaler Bedenkzeit gespielt. Er landete hinter Kasparow, Iwantschuk und Timman auf dem letzten Platz. Auch beim Schnellschach–Grand Prix der PCA in Moskau sowie beim Intel–Blitzturnier in München war für den langen Engländer frühzeitig Endstation. Dafür tat er sich, wie schon früher, gern mit markigen Sprüchen hervor. So bezeichnet er Anatoli Karpow als Mickey–Mouse–Champion, der sich nicht der Konkurrenz stelle – eine Anspielung auf die Nicht–Teilnahme des FIDE–Weltmeisters an den PCA–Turnieren. Man durf-

te schon gespannt sein, welche Taten Short in New York seinen Worten folgen lassen würde. Insider verwiesen schon vorher auf Gulkos Erfahrung und Spielklasse. Die solide Ausbildung in der sowjet–russischen Schachschule läßt sich eben bei den meisten Großmeistern, auch wenn sie schon seit Jahren im Westen leben, nicht verleugnen.

Nach dem Remis zu Beginn spielte der älteste aller PCA–WM–Kandidaten eine feine Angriffspartie und ging erst einmal in Führung. Short glich zwar in Runde 3 postwendend aus, vermochte es jedoch in der Folgezeit nicht, sich von seinem zähen Kontrahenten zu lösen. Mit schöner Regelmäßigkeit wurde in dem Duell, wenn der Engländer Weiß hatte, Caro-Kann gespielt, aber nur in einem – eben im 3. Durchgang – konnte Short daraus Kapital schlagen. Nach fünf Remispartien in Folge stand es 4:4, so daß der Tiebreak die Entscheidung bringen mußte. Am Ende hatte man den Eindruck, daß beide Großmeister es so wollten – schon des Preisgeldes wegen, das bei einem Unentschieden nach acht Spielen geteilt wurde. Wie sonst läßt sich ihr Kurzremis von nur 12 Zügen am letzten Tag der regulären Matchdauer erklären? Im Tiebreak brauchte Short vier Partien, um seinen Gegner schließlich niederzuringen. Kein überzeugender Sieg also über den "Oldie" Gulko, aber Short blieb erstmal im WM–Kandidatengeschäft.

Tiwjakow – Adams
– 4 : 4 (2,5:3,5)

Dieses Duell sollte mit nur zwei Remispartien während der regulären Matchdauer der spannendste Zweikampf von New York werden. Anfangs schien es so, als ob Michael Adams gegen seinen russischen Angstgegner schon früh alles klarmachen würde. Nach dem Auftaktsieg des Briten lautete die erste Schlagzeile im Bulletin: "Micky Adams off to a flying start as he beats Tiwjakow fort the first time in his career." In der Tat hatte der englische Großmeister zuvor noch nie gegen seinen 21jährigen Gegner gewonnnen. Auch am zweiten Spieltag ließ er als Weißer mit 3.Lb5+ gegen Sizilianisch Tiwjakow keine Chance. Doch dann kam Adams aus dem Rhythmus und verlor zwei Partien. Wladimir Kramnik hatte sicher nicht ganz unrecht, als er beim Tip vor dem Match auf die spielerischen und kämpferischen Qualitäten seines Landsmannes aus Krasnodar setzte. Die Schlacht tobte hin und her, nach fünf Partien stand es 2,5:2,5. Adams entschied die sechste für sich, in der 7. Runde überspielte ihn Tiwjakow mit Weiß in einem Spanier auf überzeugende Art und Weise. Auch die achte Begegnung, das zweite Unentschieden, war ausgekämpft. So mußte dieses Paar ebenfalls in die Verlängerung. Reichten in den beiden vorzeitig entschiedenen New Yorker Duellen den Siegern drei Ge-winnpartien zum Weiterkommen, weil sie kein Spiel abgaben, so nutzte dies Adams und Tiwjakow nichts, da jeder auch dreimal verlor.

In Tiebreak benötigten Michael und Sergej sogar sechs Partien, bis ein Sieger feststand. Er heißt am Ende Adams. Dem Engländer kam seine große Erfahrung bei Turnieren mit verkürzter Bedenkzeit zugute. Und das Glück stand ihm in der allerletzten, noch einmal zeitverkürzten Partie zur Seite. Auch das braucht man, wenn es knapp zugeht, um weiterzukommen.

Unmittelbar nach den letzten Play-offs erfolgte in New York die Auslosung für die nächste Runde. Danach gab es im Kandidaten-Halbfinale zur PCA-WM die Ansetzungen Short gegen Kamsky und Anand gegen Adams. Auf Grund dieser Konstellation konnten sich zwei Engländer im Finale begegnen, was aber nicht sehr wahrscheinlich erschien. Ihre beiden Gegner waren stärker einzuschätzen.

Nachdem Wladimir Kramnik bei der PCA-Weltmeisterschaft aus dem Rennen war, tanzten jetzt nur noch Anand und Kamsky auf zwei WM-Hochzeiten. Vor allem vom Inder erwarteten die Experten und seine Landsleute, daß er Doppel-Herausforderer von Kasparow bzw. Karpow wird. Das Unternehmen Sanghi Nagar Indu-stries Ltd. bei Hyderabad war bereit, im Falle eines Weiterkommens des größten Schachtalents aus Asien nach dem Kandidaten-Viertelfinale der FIDE im Sommer 1994 auch die nächste WM-Qualifikationsrunde Anfang 1995 auszurichten. Anand und Kamsky wurden in der FIDE-Qualifikation direkt gegeneinander ausgelost. Einer von ihnen mußte damit ausscheiden, so daß es im Herbst 1994 nur noch einen Doppelstarter in beiden Weltmeisterschaften geben würde.

Das Halbfinale

Nach der kurzfristigen Absage des ursprünglichen Ausrichters Barcelona wurde die Schachhochburg Linares in Andalusien Ende September/Anfang Oktober 1994 Schauplatz des Halbfinales der WM–Kandidaten zur PCA–Weltmeisterschaft. Ausgespielt werden sollten die letzten zwei, die im Frühjahr 1995 den neuen Herausforderer für Titelverteidiger Garri Kasparow Rußland) ermitteln durften. Bei einem Preisfonds von 200 000 Dollar, von der amerikanischen Softwarefirma Intel gestifet, gab es die Duelle zwischen Viswanathan Anand und Michael Adams sowie Gata Kamsky und Nigel Short. In seinem Monatsmagazin "Inside Chess" verwies US–Großmeister Yasser Seirawan mit Empörung auf die Tatsache, daß die vier Halbfinalisten lange vor Beginn vereinbart hatten, das Geld zu teilen, egal wie ihre Matches ausgehen sollten. Seirawan kritisierte dies als unsportlich und jedem Wettbewerbsgeist widersprechend. Er äußerte sich verwundert darüber, daß sich noch kein anderer darüber mokiert habe. Vielleicht war Seirawan bis dato der einzige, dem dieses "Geschäftsgeheimnis" der vier Top–Großmeister zu Ohren kam. Der schachliche Verlauf in Linares war nicht weniger mysteriös. Die Hauptfragen lauteten: Kann Indiens Nationalheld seine Schlappe vergessen machen, und wird es Short, Kasparows Herausforderer von 1993, möglich sein, den Favoritenschreck Kamsky zu besiegen? Die erste Antwort darauf lautet "ja", die zweite "nein".

Anand und Kamsky legten los wie die Feuerwehr und hatten nach drei Partien jeder drei Punkte auf der Habenseite – ein unglaublicher Auftakt! Auch bei Halbzeit und fünf gespielten Partien sah es nicht nach einem britischen Kandidaten–Finale aus. Eine Katastrophe bahnte sich an. Anand, der Anfang September beim Grand Prix in London als einziger Großmeister dem Pentium–Computer getrotzt hatte, ließ seinem Gegner Adams von Anfang an nicht die Spur einer Chance. Mit vier Siegen aus fünf Partien und einem komfortablen 4,5:0,5–Vorsprung stand er zu diesem Zeitpunkt bereits mit mehr als einem Bein in der nächsten Runde. Ein zweites Debakel – wie im Sommer zu Hause gegen Kamsky – das wurde deutlich, kam hier für ihn nicht in Frage. Auch Kamsky, der als einziger Großmeister noch in beiden Schachverbänden (FIDE und PCA) im WM–Geschäft war, gab sich gegen Short keine Blöße. Er gewann bis zur Halbzeit ebenfalls viermal und leistete sich nur im vierten Durchgang einen Ausrutscher. Zwischenstand in diesem Duell – 4:1.

Die Matches sollten über 10 Partien gehen, aber bei diesem einseitigen Verlauf durften die Schiedsrichter die Tiebreak-Regel für den Fall eines 5:5 Gleichstandes getrost in der Schublade lassen. Es war klar, daß die Favoriten jetzt kurzen Prozeß machen und die Duelle vorzeitig zu ihren Gunsten entscheiden würden.

So kam es, wie es kommen mußte. Die beiden englischen Vertreter gingen mit Pauken und Trompeten unter – zu groß war die Überlegenheit von Vishy und Gata. Der Inder begnügte sich, nachdem er die Vorentscheidung herbeigeführt hatte, mit zwei Remis gegen Adams, der frühzeitig resignierte. Kamsky konterte Short am sechsten Spieltag mit Schwarz noch einmal aus. Damit endeten beide Duelle schon nach sieben Runden vorfristig mit 5,5:1,5.

Großmeister Yasser Seirawan

Gata Kamsky

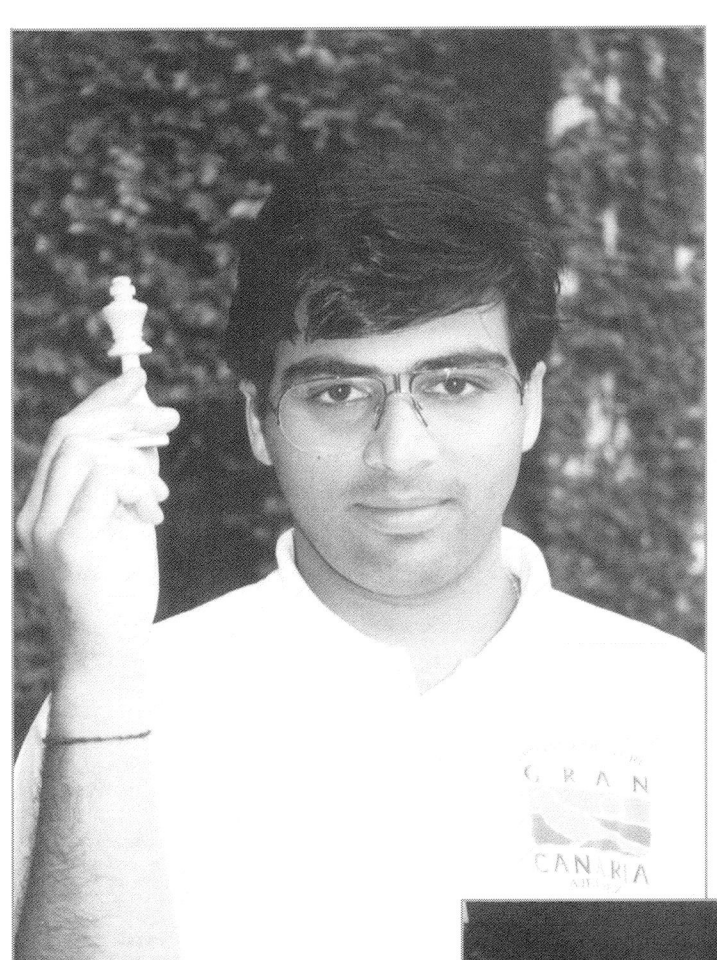

Viswanathan Anand

Kein Doppel–Herausforderer

Der exotische Schauplatz Gran Canaria war gut gewählt. Auf der kanarischen Hauptinsel sollte im Kandidatenfinale der WM–Gegner für Garri Kasparow ermittelt werden. Beide Teilnehmer waren hochmotiviert. Gata Kamsky, der bereits das WM–Match der FIDE erreicht hatte, konnte Doppel–Herausforderer werden. Anand hatte noch eine Rechnung von Sanghi Nagar 1994 gegen den US–Boy offen. Kein renommierter Schachexperte wagte vorher eine Prognose über den Ausgang des auf 12 Partien limitierten Duells. Zu offen erschien das ganze. Der eine, so hieß es, spielt besser, der andere ist der größere Kämpfer.

100 000 Dollar Preisgeld lagen auf dem Tisch, wie immer von der Firma Intel zur Verfügung gestellt. Warum die ursprünglich ausgelobte 200 000–Dollar–Börse kurz zuvor vom PCA–Management um die Hälfte gekürzt wurde, ist bis heute nicht geklärt worden.

Anand–Fans, die auf eine Revanche ihres Idols hofften, brauchten zu Beginn starke Nerven. Sie erlebten in der ersten Runde einen unerwarteten Paukenschlag – Kamsky gewann die Partie mit den schwarzen Steinen. In dem Spanier stand Anand sehr gut, aber er überlegte und überlegte, was man von

ihm nicht gewohnt ist. Die unerbittliche Uhr völlig ignorierend, vertiefte sich der Inder so in die Stellung, daß er gar nicht gewahr wurde, wie seine Bedenkzeit verstrich. Als er seinen 33 Zug ausführen wollte, fiel das Blättchen, der Schiedsrichter schritt ein und reklamierte Zeitüberschreitung! "Wie ist so etwas möglich?", fragte sich die Schachwelt. "Der schnellste Spieler der Erde verliert durch ZÜ?!" So etwas ist Anand in seiner gesamten Karriere noch nicht passiert! Gata Kamsky zeigte nach dem überraschenden Gewinn des ersten Spiels äußerlich keinerlei Emotionen.

Wie würde Anand diesen Schock nervlich verkraften?. Beim FIDE–Match in Indien hatte er mit zwei Punkten geführt und am Ende einen Einbruch erlitten. Jetzt lag er gleich von Beginn an zurück. Der verkorkste Start konnte ihn völlig demoralisieren. In der zweiten Partie aber war der Tiger aus Madras wieder ganz der alte. Er spielte in einem Höllentempo, daß seinem Gegner Hören und Sehen verging. Die ersten 17 Züge Grünfeld–Indisch spulte er in weniger als fünf Minuten herunter. Für alle 44 Züge der Partie, in der er locker ein Remis erreichte, benötigte Vishy insgesamt nur eine gute halbe Stunde. Es schien, als sei er aus

einem tiefen Winterschlaf erwacht. Die Bulletin–Macher überschrieben ihren Tagesbericht erleichtert "Speed King dashes to easy draw."

Im dritten Spiel entzückte Anand das Publikum mit Weiß in einem weiteren Spanier durch sein ideenreiches Angriffsspiel. Bereits nach der Eröffnung besaß der 25jährige Großmeister entscheidendes Übergewicht. Kamsky wehrte sich zwar sechs Stunden lang, aber nach 58 Zügen mußte er kapitulieren. Nach Anands Ausgleichstor konnte das Match praktisch neu beginnen.

Es folgte eine Remisserie, die bis zur achten Partie andauerte. In der neunten ging der Inder erstmalig in Führung. Nach einem Remis im 10. Spiel machte er mit dem Gewinn der 11. Partie vorzeitig alles klar. Kamskys Traum vom Doppel–WM–Herausforderer war zu Ende. Dem 20jährigen blieb der Trost, im anderen Schach–WM–Finale des Jahres Herausforderer von FIDE–Champion Anatoli Karpow zu sein. Gata ist der jüngste Spieler aller Zeiten, der nach einer Schachkrone greift.

Las Palmas erlebte ein Spanisch–Festival. In sieben der elf Partien wurde diese Eröffnung gewählt. Mit Artur Jussupow konnte Anand neben Elizbar Ubilawa einen sehr guten neuen Sekundanten verpflichten. Der Wahl–Bayer ist ein exzellenter Kenner nicht nur des Offenen Spaniers.

"Ich hatte wenig Probleme in diesem Wettkampf", sagte Viswanathan Anand nach seinem vorzeitigen 6,5 : 4,5 – Sieg auf Gran Canaria. "Mit Schwarz gab ich meinem Gegner kaum eine Gewinnchance, mit Weiß setzte ich ihn immer stark unter Druck." Selbstbewußte Worte des 25jährigen Schachstars vor der Presse, der seine Chancen diesmal klar nutzte. Anders als im Sommer 1994, wo er den sicher geglaubten Sieg gegen den gleichen Gegner noch entgleiten ließ. Das Finale der Profi–Schachweltmeisterschaft 1995 war damit perfekt: Vishy Anand hatte die Fahrkarte gelöst und das Recht erworben, Titelverteidiger Garri Kasparow herauszufordern. Durch diese Konstellation nahm kein Spieler an beiden anstehenden WM–Matches teil. Das hätte nach Lage der Dinge nur Gata Kamsky schaffen können.

Der US–Boy war allerdings unter sehr ungünstigen Umständen ins Rennen gegangen. Kamsky mußte sich nur drei Wochen nach seinem überlegenen FIDE–Match–Sieg über Waleri Salow in Indien schon wieder ans Brett setzen – zu wenig Zeit, um sich auf eine solche Aufgabe richtig vorbereiten zu können. Ich weiß nicht, ob jeder andere Großmeister sich auf einen solchen Streß eingelassen hätte. Gata tat es – und hat es inzwischen bitter bereut. Der gleichzeitige Tanz auf zwei WM–Hochzeiten

mußte einfach seinen Tribut fordern.
Neben der schachlichen Herausforderung erwartete Gata Kamsky und dessen Vater Rustam in Las Palmas eine weitere Überraschung. Zwei Tage vor Beginn des Matchs legte die PCA dort einen Verhaltenskodex vor, in dem genau festgelegt war, wie sich Spieler und Delegationsmitglieder künftig zu benehmen haben. So etwas kennt man auch aus anderen Sportarten wie Tennis oder Golf. Geregelt wird in dem Papier fast alles – von der Teilnahmepflicht an der Eröffnungs– und Abschlußzeremonie sowie Pressekonferenzen, über die Aufforderung zur Pünktlichkeit, die

Kleiderordnung, dem Krawattenzwang sowie dem Verbot, gegenüber Spielern oder Organisatoren ausfällig zu werden. Im Falle der Zuwiderhandlung können Sanktionen verhängt werden, zum Beispiel eine Geldstrafe bis zu 25 000 Dollar oder der Verlust einer Partie bzw. des ganzen Matchs. Das Schriftstück wurde nicht nur von Kamskys, sondern auch von einer ganzen Reihe Top–Großmeister abgelehnt. Ihre Hauptkritik richtete sich gegen die Tatsache, daß in dem Regelwerk zwar die Pflichten der Spieler gegenüber der PCA klar genannt werden, nicht aber die der Organisation gegenüber den Schachprofis.

PCA–WM – Zyklus auf einen Blick

Viertelfinale New York Juni 1994	Halbfinale Linares Sept./Okt. '94	Kand.–Finale Las Palmas März 1995	WM–Match New York Sept./Okt. '95
Short 4 (2,5) Gulko 4 (1,5)	Short 1,5		
		Kamsky 4,5	
Kramnik 1,5 **Kamsky** 4,5	**Kamsky** 5,5		
			Kasparow Anand
Anand 5 Romanischin 2	**Anand** 5,5		
		Anand 6,5	
Tiwijakow 4 (2,5) **Adams** 4 (3,5)	Adams 1,5		

Generalprobe in Riga

Mit Viswanathan Anand stand der Herausforderer für Garri Kasparow Ende März 1995 fest. Bis zum September blieben noch einige Monate Zeit, in denen auf beide neben der WM–Vorbereitung diverse Wettkämpfe warteten. Dazu gehörte ein Turnier in Riga zum Gedenken an Michail Tal. Grund genug für den Autor, Mitte April in die lettische Hauptstadt zu fliegen.

Die drei Ostseestaaten der ehemaligen Sowjetunion stehen nach Erlangung ihrer Unabhängigkeit ausländischen Besuchern wieder weitgehend offen. Man erhält bei der Einreise ohne Probleme ein Visum. Am Rigaer Airport empfing mich Alexej Schirows Vater Dmitri, der sich schon während der Autofahrt zum Hotel als profunder Stadtführer erwies. Das "Latvija", in dem auch die Großmeister wohnen, ist ein Mittelklassenhotel im Zentrum.

Gespielt wurde einige hundert Meter weiter im Kongreßzentrum, einem Prestigbau, der noch in den letzten Jahren der Sowjetmacht errichtet wurde und damals als Parteigebäude diente. Das alles ist Vergangenheit, wenngleich der russische Einfluß noch überall zu spüren ist. Auf dem großen Basar am Bahnhof zum Beispiel, wo die meisten Stände in russischer Hand sind.

Ostersonntag war Gelegenheit, die sehenswerte Altstadt mit Domplatz, schmalen Gassen sowie netten Restaurants und Cafe's in Augenschein zu nehmen. Vorher suchten Vater Schirow und ich den jüdischen Friedhof auf, um Blumen auf Mischa Tals Grab zu legen. Alexej Schirow geht vor großen Turnieren stets zu Tals letzter Ruhestätte.

"Super Classic" hieß die Bezeichnung des Turniers – ein neuer Namen im internationalen Schachkalender. Nach dem Willen der Profiorganisation PCA sollte es 1995 eine Dreierserie geben. Der Start erfolgte in Riga, und mit Kasparow gewann der Favorit. In dem Memorial zu Ehren des lettischen Weltmeisters von 1960–61 erzielte der PCA–Champion 7,5 Punkte aus zehn Partien. Den zweiten Rang belegte sein Herausforderer Anand, der 7 Zähler erreichte. Im direkten Vergleich, der die WM–Generalprobe der beiden Schachkoryphäen darstellte, siegte Kasparow in großem Stil. Dritter wurde Wassili Iwantschuk mit 6,5 Punkten. Kasparow kassierte für den ersten Platz 30 000 Dollar, insgesamt war der Wettbewerb in Riga mit 122500 Dollar dotiert. Bei gleichem Preisfonds folgten noch zwei andere Super–Classic–Turniere, die im Mai in Nowgorod und Ende Oktober in Horgen bei Zürich stattfanden.

Da Anand in Nowgorod nicht spielen wollte, trafen Kasparow und sein Herausforderer in Riga vor ihrem WM–Match zum letzten Mal bei einem Wettkampf mit normaler Bedenkzeit aufeinander.

Am ersten Spieltag feierte Schachkönig Garri seinen 32. Geburtstag und bekam frei. Wegen der ungeraden Teilnahmerzahl von 11 mußte jeder einmal aussetzen. Kasparow erhielt kurzerhand die Nr.1 zugesprochen, und konnte somit ab dem zweiten Spieltag das Feld von hinten aufrollen.

Nicht alles war eitel Sonnenschein in Riga. Das Turnier wurde von einer großen lettischen Bank gesponsert, die kurz darauf Pleite machte. Es gab gravierende organisatorische Mängel, was die Arbeit der Journalisten betraf. Die Großmeister waren nicht nur im Hotel hermetisch abgeschirmt; Bodyguards standen auch vor und hinter der Bühne des Spielsaals. Dadurch war der Analyseraum für die schreibende Zunft tabu. Klara Schagenowna, Garris Mutter, tauchte im Gegensatz zu Kasparow fast täglich im Pressezentrum auf und wurde von besonders eifrigen russischen Kollegen mit Handkuß zu den Siegen ihres Sohnes beglückwünscht.

Daß der amtierende PCA–Weltmeister dem deutschen

Medienvertreter in Riga keine Fragen beantworten wollte, obwohl sich beide im Hotel begegneten und er doch zu diesem Zeitpunkt plante, in unserem Lande seinen Titel zu verteidigen, sei nur am Rande vermerkt. Die anderen WM-Finalisten 1995 waren da kooperativer. Beim Amber-Turnier in Monte Carlo hatten zuvor Karpow, Kamsky und auch Anand bereitwillig Auskunft gegeben. Neben Schach wurde in Riga auch Politik betrieben. Am Rande des Memorials tagte eine FIDE-Kommission unter Vorsitz von Präsident Campomanes, u.a. um den weiteren Fahrplan bis 1996 zur Vereinigung der WM-Zyklen beider Verbände zu beraten. Wie DSB-Präsident Egon Ditt nach seiner Rückkehr mitteilte, kam aber nicht viel Substantielles heraus, da keine Vertreter der PCA zugegen waren. Beiden Verbänden standen schwierige, zähflüssige Verhandlungen bevor. Der schnelle Friedensschluß zwischen Kasparow und Campomanes zur Schacholympiade 1994 in Moskau war die eine Seite. Als Kehrseite der Medaille erwies sich nun die Aufgabe, die vor aller Welt mit Macht durchgedrückte und beschlossene Sache auch mit Leben zu erfüllen. Schwere Zeiten besonders für den Weltschachbund. Ehe detaillierter über die Vorbereitung und Durchführung eines WM-Vereinigungsmatchs gesprochen werden konnte, mußten erst einmal ein

Ausrichter und Geld für die 1995er FIDE-Weltmeisterschaft gefunden werden. Oder hatte Campomanes – wie nicht wenige befürchteten – überhaupt kein Interesse mehr, daß der Titel zwischen Karpow und Kamsky noch ausgespielt wird?

Wie Kasparow das Turnier in Riga dominierte, zeigen seine beiden folgenden Partien.

Kasparow – Timman

Riga 1995

Slawisch D17

1. d4 d5 2. c4 c6 3. Sf3 Sf6 4. Sc3 dxc4 5. a4 Lf5 6. Se5 Sbd7 7. Sxc4 Sb6 8. Se5 Sbd7?!

In der Begegnung Kramnik – Short, Nowgorod 1994, geschah an dieser Stelle 8. ... a5, und das Spiel endete nach 46 Zügen remis. Jan Timman erzählte mir am Abend an der Hotelbar, daß er die besagte Partie natürlich gekannt habe, aber in Riga gegen Kasparow etwas Neues ausprobieren wollte. Die "glorreiche" Idee sei ihm erst am Brett gekommen. Das Vorhaben von Schwarz ging, wie wir gleich sehen werden, gründlich daneben.

9. Db3 Sxe5 10. dxe5 Sg4 11. Dxb7 Sxe5 12. f4!

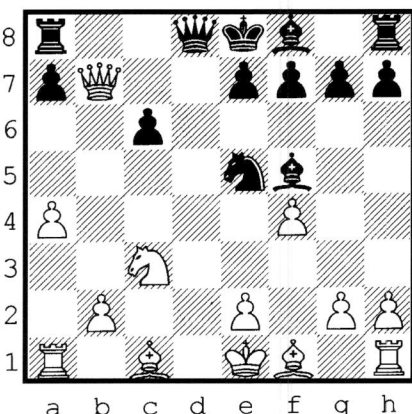

12. ... Sg6 13. e4 Ld7 14. f5 Se5 15. Lf4 f6 16. Lxe5 fxe5 17. Td1 Tb8 18. Dxa7 Tb4 19. Le2 g6 20. Tf1 Lg7 21. fxg6 Td4 22. Lh5

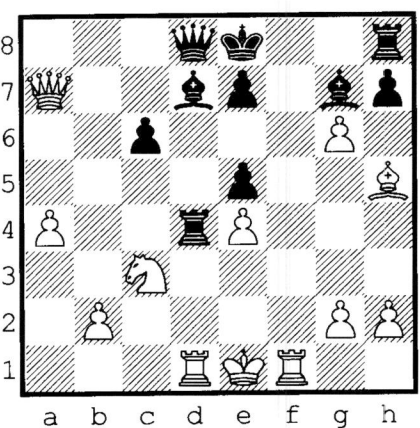

Schwarz gab auf. Eine sehenswerte Miniatur.

Kasparow – Anand

Evans–Gambit C51

Riga 1995

**1. e4 e5 2. Sf3 Sc6 3. Lc4 Lc5
4. b4**

Eine romantische Eröffnung, die sich im vorigen Jahrhundert großer Popularität erfreute. Schachgrößen wie Morphy, Anderssen oder Tschigorin liebten das Evans–Gambit und schufen mit diesem Partieanfang wahre Kunstwerke.

Kasparow sagte am Vormittag beim Osterspaziergang zu seinem Sekundaten Juri Dochojan: "Mir steht heute der Sinn nach Opfern – Michail Tal zu Ehren." Und so geschah es. Ausgerechnet in der WM–Generalprobe gegen Anand!

4. ... Lxb4 5. c3 Le7

An diesem etwas passiven Zug überlegte Anand fast 20 Minuten lang. Gebräuchlicher ist 5. ... La5, was zur Lasker–Verteidigung führt. Sie verheißt Schwarz ein gutes Spiel.

Was hatte Kasparow wohl auf La5 vorbereitet? Wir erfuhren es nicht, der Zugang zum Analyseraum in Riga blieb uns Journalisten ja verwehrt.

6. d4 Sa5 7. Le2!

Nach der üblichen Fortsetzung 7. Sxe5 Sxc4 8. Sxc4 d5 gleicht Schwarz das Spiel ohne große Mühe aus.

**7. ... exd4 8. Dxd4 Sf6 9. e5
Sc6 10. Dh4 Sd5 11. Dg3 g6**

Durch die schönen Damenmanöver nötigte Weiß den Gegner dazu, seinen Königsflügel zu schwächen. Im Falle von 11. ... 0–0 geschieht 12. Lh6 mit Qualitätsgewinn.

**12. 0–0 Sb6 13. c4 d6
14. Td1 Sd7 15. Lh6!**

Danach beginnt für den schwarzen König ein unruhiges Leben.

**15. ... Scxe5 16. Sxe5 Sxe5
17. Sc3 f6**

Anand besitzt schon zwei Bauern mehr, aber der materielle Vorteil bereitet ihm wenig Freude. Die Stellung von Schwarz ist bereits mehr als kritisch.

**18. c5 Sf7 19. cxd6 cxd6
20. De3 Sxh6 21. Dxh6 Lf8
22. De3+ Kf7**

Auf 22. ... De7 folgt 23. Lb5+.

**23. Sd5 Le6 24. Sf4 De7
25. Te1!**

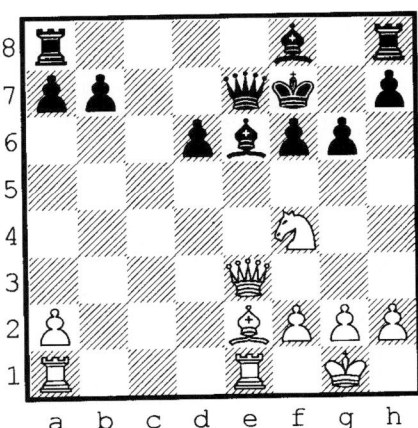

Schwarz gab auf. Die weißen Drohungen sind zu stark. In jedem Falle geht Matrial verloren. Eine eindrucksvolle Vorstellung des Weltmeisters.

Endstand in Riga

1. Kasparow (Rußland) 7,5 2. Anand (Indien) 7, 3. Iwantschuk (Ukraine) 6,5 4. – 5. Kramnik (Rußland), Short (England) je 6, 6. Gulko (USA) 5, 7. Jussupow (Bayern München) 4,5 8. Ehlvest (Estland) 3,5 9. – 11. Timman (Holland), Kengis (Lettland), Waganjan (Armenien) je 3.

Nur wenige Tage nach dieser Weltmeisterschafts–Generalprobe im Normalschach revanchierte sich Anand jedoch beim Champion für die Schmach von Riga. Das Los führte die beiden WM–Finalisten Ende April in der Vorschlußrunde des Schnellschach–Grand Prix von Moskau noch einmal zusammen.

Anand – Kasparow

Moskau 1995

Sizilianisch B53

**1. e4 c5 2. Sf3 d6 3. d4 cxd4
4. Dxd4!?**

Anand überrascht den Weltmeister mit dieser seltenen Fortsetzung, was in einer Schnellpartie immer gut ist. Die Idee des Damenzuges besteht darin, mit c2–c4 einen Aufbau a' la Maroczy zu wählen.

**4. ... Ld7 5. c4 Sc6 6. Dd2 g6
7. Le2 Lg7 8. 0–0 Sf6 9. Sc3
0–0 10. Tb1 a6 11. b3**

Bisher folgten beide Spieler den Empfehlungen der Theorie. Anand spielt vor dem großen Auditorium im Kreml–Palast wie die Feuerwehr.

11. ... Da5?! (besser ist 11. ... Tb8 nebst 12. ... b5)

12. Lb2 Tfc8 13. Tfd1 Lg4 14. De3 Sd7 15. Sd5!

Einfach und stark. Mit dem Springerzug öffnet Vishy die lange Diagonale und stellt seinem Gegner ernste Probleme.

15. ... Lxb2

Schlägt Kasparow den Bauern auf a2, so verliert er nach wenigen Zügen seine Dame: 15. ... Dxa2 16. Lxg7 Kxg7 17. Dc3+ Kg8 18. Ta1 Dxe2 19. Te1 Lxf3 20. gxf3 Dxe1+ 21. Txe1. Für die Königin hätte Schwarz dann zwar Turm, Springer und Bauer, aber die schlechtere Stellung.

16. Txb2 Lxf3 17. Lxf3

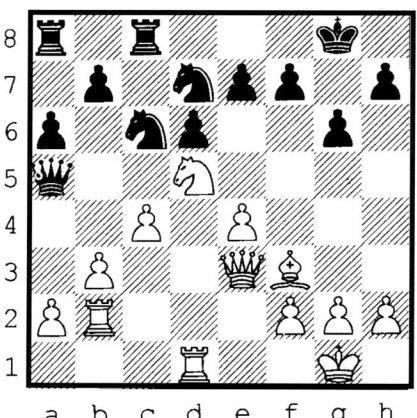

17. ... e6?

Der Verlustzug. In Zeitnot wird der Champion unruhig und übertreibt das Risiko. Bei der verkorksten Stellung ist sein gewaltsamer Gegenspiel–Versuch zum Scheitern verurteilt. Guter Rat war ohnehin teuer, da es für Schwarz kaum vernünftige Alternativen gibt.

Die beste Antwort ist noch 17. ... Dd8, aber das sagt Garri nicht zu, der kein Freund passiver Verteidigung ist. Nach 17. ... b5?! 18. b4 Dd8 19. cxb5 axb5 20. Le2 steht Weiß klar besser, und im Falle von 17. ... Td8? würde Kasparow nach 18. b4 Da4 19. Sc3 Da3 20. Tb3 die Dame einbüßen.

18. Sc3 Td8 19. Tbd2!

Ohne langes Überlegen gespielt. Weiß ist ein harmonisches Figurenspiel wichtiger als der mögliche Bauerngewinn.

19. ... Sde5 20. Le2

Anand zieht gelassen den Läufer zurück. Die weitere Verstärkung seiner Stellung hat Vorrang vor dem Schlagen auf d6. Der dargebotene Bauer interessiert ihn nicht.

20. ... Sb4 21. h4!?

Noch immer bleibt die Lockspeise unberührt, weil Schwarz nach 21. Txd6 Txd6 22. Txd6 Sxa2 wieder Hoffnung schöpfen könnte.

21. ... b5?

Das kommt bereits einer Kapitulation gleich.

22. cxb5 axb5 23. Sxb5 Sbc6

23. ... Sxa2 wird durch 24. Ta1 widerlegt.

24. a3!? d5 25. exd5 Txd5 26. Txd5 exd5 27. b4 Da4 28. Txd5 1–0

Mit zwei Bauern weniger und in hoffnungsloser Lage stellte Schwarz die Uhr ab. Für seinen locker herausgespielten Sieg benötigte "Speedy Gonzales" ganze zehn Minuten Bedenkzeit! Kasparow, der einen recht hilflosen Eindruck machte, leistete in der zweiten Partiehälfte kaum noch Widerstand.

Auch wenn der Inder im Finale von Moskau Wassili Iwantschuk unterlag, tat dieser Erfolg über Kasparow seinem Selbstbewußtsein gut. Vertrauen in die eigene Stärke ist äußerst wichtig, wenn man zum ersten Mal im Leben um die Schachkrone spielt.

Von der Rolle

Kasparow stellte sich kurz darauf im Mai 1995 beim Euwe–Memorial in Amsterdam wieder der Konkurrenz. Nach erfolgreichem Start erwischte es den Top–Favoriten in der zweiten Turnierhälfte gleich doppelt.

Kasparow – Lautier

Amsterdam 1995

Sizilianisch B48

1. e4 c5 2. Sf3 e6 3. d4 cxd4 4. Sxd4 Sc6 5. Sc3 Dc7 6. Le3 a6 7. Ld3 Sf6 8. 0–0 Se5 9. h3 Lc5 10. Kh1 d6 11. f4 Sed7 12. a3 b5 13. Lxb5!?

Ein bekanntes thematisches Figurenopfer im Sizilianer, bei dem Weiß seinen Läufer für zwei Bauern und Angriff gibt. In diesem Abspiel ist der Zug laut Kasparow jedoch noch nicht vorgekommen und deshalb eine Neuerung.

13. ... axb5 14. Sdxb5 Db6 15. Lxc5 dxc5

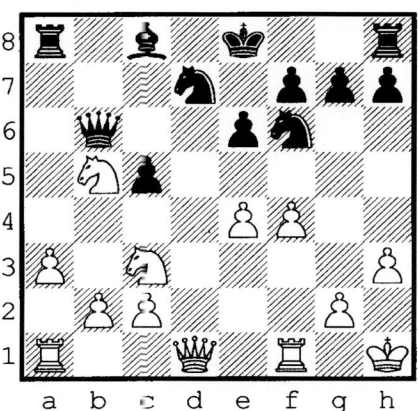

16. Sd6+ Ke7 17. Sxc8+ Thxc8 18. e5 Se8 19. Dh5 h6 20. Tae1 f5!

Lautier unterbindet den geplanten weißen Bauernvorstoß f4–f5.

21. Tf3 c4 22. g4 fxg4 23. Dxg4 Ta5!

Ein schönes Turmmanöver, das sich nicht nur gegen 24. f5 richtet. Lautier hat weiter gerechnet.

24. Se4 Dc6!

Durch die unangenehme Fesselung des Turms auf f3 neigt sich die Waage bereits langsam zugunsten von Schwarz.

25. Sd6 Sxd6 26. exd6+ Kf8 27. Tg1 g5!

Kaltblütig spielt der Franzose auf Gewinn. Schwarz muß 28. fxg5+ nicht fürchten, da er die herrliche Parade 28. ... Tf5! hat. Jetzt erst wird der ganze Wert des Zuges 23. ... Ta5 deutlich.

28. Tg3 Tf5 29. Dh5 Sf6! 30. Dxh6+ Kf7 31. Kg1 Tg8 0–1

Ein feiner Gegenangriff Lautiers. Der Franzose gewann in Amsterdam vor Kasparow, weil dieser sich in der Schlußrunde gegen den Holländer Jeroen Piket, der den Wettbewerb mit drei Nullen begonnen hatte, eine weitere Niederlage leistete. Zwei Verlustpartien Kasparows in einem Turnier von nur 6 Runden sind eine absolute Rarität.

Piket – Kasparow

Amsterdam 1995

Grünfeld–Indisch D97

1. d4 Sf6 2. c4 g6 3. Sc3 d5 4. Sf3 Lg7 5. Db3 dxc4 6. Dxc4 0–0 7. e4 Sa6

Diese Variante wurde vom russischen Großmeister Ragosin in den 30er Jahren in die Praxis eingeführt. Es gibt jetzt verschiedene Möglichkeiten für Weiß. Piket wählt die gebräuchlichste Fortsetzung.

8. Le2 c5 9. d5 e6 10. 0–0

Beachtung verdient auch der Läuferausfall 10. Lg5.

10. ... exd5 11. exd5 Te8 12. Td1 Lf5 13. d6 h6 14. Lf4 Sd7 15. Td2 Sb4 16. Db3 Le6 17. Lc4 Sb6 18. Lxe6 Txe6

Bisher folgten beide Spieler der 21.WM–Partie Karpow – Kasparow in Sevilla 1987.

19. Sa4 Te4 20. Lg3

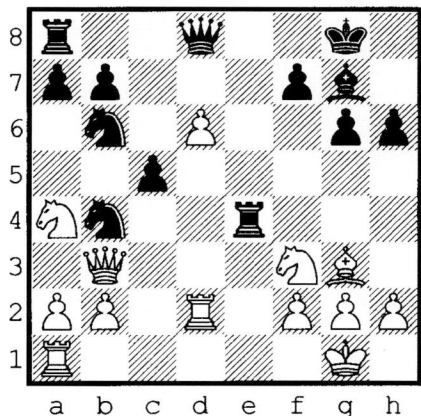

20. ... Sc4

Der Figurentanz beginnt. Kasparow verwickelt das Spiel, von dem wieder einmal keiner sagen kann, wie es ausgehen wird.

21. Sxc5 Sxd2 22. Sxd2 Te2?!

Besser war 22. ... Td4 (Piket).

**23. Dxb4 a5 24. Dxb7 Txd2
25. d7 Txb2 26. Dd5 Tb5
27. Td1 Lf8 28. Ld6 Lxd6
29. Dxd6 Tab8 30. h3 Tb1
31. Txb1 Txb1+ 32. Kh2 Tb6
33. De5 Kf8 34. Dh8+ Ke7
35.De5+ Kf8 36. f4 h5
37. Dd5 h4 38. De5 g5
39. Dh8+ Ke7 40. De5+ Kf8
41. fxg5 1–0**

Der vorgeschobene d–Bauer hat die Partie entschieden. Schwarz riskierte bei seiner Gegenattacke zu viel. Er unterschätzte offenbar die Kraft des weißen Freibauern.

Zwei Tage später spielte Garri Kasparow im WDR–Studio von Köln gegen einen Computer. Befragt nach der Niederlage gegen Piket, sagte er, sie habe ihn besonders geschmerzt, weil er seine eigenen Analysen vom WM–Match 1987 in Sevilla nicht mehr genau im Kopf hatte. Im übrigen sei es immer schwerer, der jungen Garde Paroli zu bieten.

Fast in WM – Form

Will man Mißerfolge möglichst schnell verarbeiten, ist es am besten, eine neue Herausforderung zu suchen. Sie bot sich dem Weltmeister schon eine Woche später. Zum zweiten Male innerhalb eines Dreivierteljahres war die alte russische Stadt Nowgorod Austragungsort eines hochkarätigen Schachturniers. Das Zehnerfeld wies die Kategorie 18 auf.

Nach seiner durchwachsenen Vorstellung in Amsterdam spielte Kasparow diesmal voller Energie bis zum Ende und hatte auch das notwendige Quentchen Glück. Der Champion wackelte nur einmal, und zwar in Runde 6 gegen Wladimir Kramnik, wo er als Nachziehender mit einem Minusbauern große Mühe aufbringen mußte, um ein Unentschieden zu erreichen.

Mit seinem erneuten Triumph in Nowgorod hatte Garri Kasparow nach Riga auch das zweite Turnier der Super Classic–Serie 1995 gewonnen. Nach fulminantem Start sicherte der Moskauer in den letzten drei Runden mit Remisen den Sieg ab. Er beendete den Wettbewerb mit 6,5 Punkten aus neun Partien und kam mit einem Zähler Vorsprung ins Ziel, weil seine ärgsten Verfolger zuletzt noch Federn lassen mußten.

Endstand in Nowgorod:

1. Kasparow (Rußland) 6,5

2. – 5. Short (England), Iwantschuk (Ukraine), Ehlvest (Estland), Topalow (Bulgarien) je 5,5

6. Kramnik (Rußland) 5,

7. Timman (Niederlande) 4,

8. Gulko (USA) 3,

9. Jussupow (Deutschland) 2,5,

10. Waganjan (Armenien) 2

Auf Tauchstation

Im Frühsommer 1995 zogen sich Kasparow und Anand zur WM–Vorbereitung zurück. Der Herausforderer beendete seine Wettkämpfe als erster und flog nach Madrid, um dort mit seiner Crew zu trainieren. Als Sekundanten heuerte er neben Artur Jussupow und Elizbar Ubilawa noch den Engländer Jonathan Speelman und den Amerikaner Patrick Wolff an. Man hörte so gut wie nichts von Vishy und seinen Helfern.

Kasparow verbrachte mehrere Wochen an der kroatischen Adriaküste. Er werde diesmal so hart arbeiten wie seit 1985 nicht mehr, hatte der Champion im Mai bei seinem Fernsehauftritt in Köln erklärt. Viel Sport – vor allem Schwimmen – und tiefschürfende Analysen in einem kleinen Sekundantenteam, das zunächst aus den russischen Großmeistern Juri Dochojan und Jewgenie Pigusow bestand, waren geplant. Später kam noch Wladimir Kramnik hinzu. Weitere Wettbewerbe mit normaler Bedenkzeit wollte der Weltmeister vor dem Duell gegen Anand nicht bestreiten. Garri Kasparow stellte sich der internationalen Konkurrenz nur noch im Juni beim Intel–Schnellschach–Grand–Prix in New York, den er gewann. Anand ließ das Turnier aus. Kasparows schachliche Visite im Big Apple sollte noch andere Folgen haben...

Die lange Rochade

Die Spatzen pfiffen es Anfang Juli schon von den Dächern, und auch einige gutinformierte Tageszeitungen meldeten zu diesem Zeitpunkt: Es gibt eine weitere Verlegung der Profi–Weltmeisterschaft, diesmal von Köln nach New York! Begründung: In der Domstadt bestehen finanzielle Deckungslücken.

Kasparow & Co hatten darauf gebaut, durch die deutsche Agentur Fairway Marketing noch fehlende Sponsorengelder aufzutreiben. Daraus wurde nichts, und die WM–Träume von Köln zerplatzten. Schachfreunde in Deutschland verstanden die Welt nicht mehr. Das offizielle, nicht sehr überzeugende Statement der PCA zur Evakuierung der WM über den großen Teich erfolgte am 4. Juli 1995 und damit erst 14 Tage später, nachdem die Entscheidung praktisch schon gefallen war. Was war passiert?

Garri Kasparow hatte im Juni am Rande des Schnellschach–Grand–Prix in New York von Bürgermeister Rudolph Giuliani finanzielle Versprechungen und das Angebot erhalten, im "World Trade Center" zu spielen. Nach dem Bombenanschlag sollte das berühmte Zwillingsturm–Gebäude im September wieder eröffnet werden. In diesem Rahmen sei die mehrwöchige Schach–WM eine willkommene zusätzliche Attraktion. Giuliani bot den beiden Brettkünstlern an, ihre Figuren in Höhe der Aussichtsplattform des Wolkenkratzers zu schieben. Die US–Organisatoren erwarteten 100 000 Zuschauer, die neben dem Blick auf Manhattan noch hochklassiges Schach genießen sollten. Eine überraschende Offerte an Schachkönig Garri, der die große Show über alles liebt. Aber woher wußte der New Yorker Bürgermeister von den Schwierigkeiten in Köln?

Zwei PCA–Vertreter waren am 5. Juli in Köln um Schadensbegrenzung bemüht. Die Rheinhalle als vorgesehene Spielstätte machte mit Recht Kosten für die Mietstornierung geltend, die Agentur Fairway Marketing pochte auf ihre Honorare. Insgesamt belief sich der in Deutschland durch die WM–Verlegung entstandene Schaden nach vorsichtigen Schätzungen auf ca. 400 000 DM. Die genaue Summe wurde zwar nie offiziell bekanntgegeben, war aber schon im Sommer 1995 ein offenes Geheimnis. Kasparow soll unter Großmeisterkollegen nur lakonisch geäußert haben: "In Deutschland kaufen wir uns locker raus."

Auch das Fernsehen in Köln mußte vertröstet werden. WDR–Schach–Redakteur Claus Spahn erhielt von Rod Alexander, der in London ein internationales Sport Büro betreibt und für die PCA tätig ist, bei seinem Köln–Besuch Anfang Juli namens der Profiorganisation das verbale Angebot, 1996 einen Schnellschach–Grand–Prix in der Domstadt auszutragen.

Der Deutsche Schachbund als Mitbetroffener reagierte zwei Tage nach Bekanntgabe der WM–Evakuierung in ungewöhnlich scharfer Form.

Die Kölner Rheinhalle. Hier sollte die WM stattfinden.

Presseerklärung

zur Verlegung der PCA–Weltmeisterschaft von Köln nach New York, 6.7.1995

Mit Bestürzung und Betroffenheit hat der Deutsche Schachbund zur Kenntnis nehmen müssen, daß die Proffessional Chess Association (PCA) ihren Weltmeisterschaftskampf zwischen Garri Kasparow (Rußland) und Viswanathan Anand (Indien) zwei Monate vor der geplanten Eröffnung von Köln nach New York verlegt hat.

Die von der PCA verbreitete Begründung, die lediglich auf ein interessantes Angebot aus New York verweist, vermag nicht zu überzeugen. Die Verlegung kann nur verständlich werden, wenn einbezogen wird, daß augenscheinlich bis heute die Veranstaltung in Köln weder angemessen organisatorisch vorbereitet noch ausreichend finanziert war.

Seit Beginn des Jahres war der Deutsche Schachbund nachdrücklich bemüht, seine schachliche Sachkenntnis in die Veranstaltung einzubringen und sie mit bundesweiten Rahmenveranstaltungen medienwirksam zu unterstützen. Diese Bemühungen blieben jedoch ohne Resonanz bei der PCA. Es gab zwar mehrfache freundliche Kontakte mit Garri Kasparow, aber eine konkrete Zusammenarbeit mit der PCA oder ihrer Agentur entwickelte sich hieraus trotz aller Bemühungen leider nicht. Insofern ergibt sich die Fragestellung, ob die organisatorischen und finanziellen Probleme bei mehr Bereitschaft zur Zusammenarbeit nicht hätten überwunden werden können.

Die kurzfristige Verlegung der WM ist nicht nur ein großer Rückschlag für den Schachsport in Deutschland, sondern sie hat auch dem Ansehen und der Glaubwürdigkeit der PCA zumindest in Deutschland erheblich geschadet. Gehört nicht auch das Einhalten der eigenen Ankündigungen und der geschlossenen Verträge zur Professionalität, die von der PCA immer wieder gegenüber der gemeinnützigen Schachorganisation in Anspruch genommen wird? Der PCA ist jedenfalls dringend anzuraten, darüber nachzudenken, wie das Vertrauen der Schachfreunde in Deutschland zurückgewonnen werden kann.

Sponsoring ist nicht nur Geld geben

Das ganze Hickhack um die PCA–Weltmeisterschaft 1995 machte eines besonderes deutlich: Im großen Schach geht heutzutage ohne solvente Mäzene oder Sponsoren überhaupt nichts mehr. Vor allem bei einer Weltmeisterschaft. Dr. William Wirth aus Zürich, Chairman von Credis Investment Funds, engagiert sich seit Jahren für das königliche Spiel. Seine Bank ist eine Tochtergesellschaft der Schweizerischen Kreditanstalt (SKA).

Credis wurde Ende 1994 auch offizieller Sponsor des Deutschen Schachbundes. Die SKA unterstützte vorher schon jahrelang Großmeisterturniere in München. Auch bei der PCA–WM in Köln wollte die Bank von Dr. Wirth in beträchtlichen Größenordnungen als Sponsor tätig werden. Doch dann kam – wie wir wissen – alles anders. Ein Grund mehr, den Finanzexperten und Schachliebhaber in einer Person um seine Meinung zu bitten.

Herr Wirth, Sie haben bereits das Rentenalter erreicht. Warum setzen Sie sich nicht zur Ruhe und spielen nur noch Schach?

Ich arbeite noch immer, und was das königliche Spiel angeht, so interessiert es mich in all seinen Facetten. Selber spiele ich sehr wenig Schach. Ich habe aber zu Haus einen Computer. Ich bin nicht nur am Spiel interessiert, sondern vor allem auch an der Zukunft des Schachs. Was die Computer betrifft, so kenne ich die meisten Hersteller. Ich habe meine Kräfte auch schon mit Deep Blue gemessen, jedoch nicht gerade mit großem Erfolg. Diese Dinger werden immer stärker.

Sie kennen Garri Kasparow schon sehr lange, laden ihn öfter ein und sind bemüht, seine Auftritte zu fördern. Was fasziniert Sie so am PCA–Weltmeister?

Zum ersten Mal sah ich ihn 1982 bei der Schacholympiade in Luzern, als er die berühmte Partie gegen Kortschnoi gewann. Damals gehörte ich zu den 80 Prozent der Schweizer,

Dr. W. Wirth

die Viktor die Daumen hielten. Heute bin ich neutral zwischen beiden. Ich hege Sympathie für Kortschnoi, der nur zehn Tage jünger als ich ist. Als Spieler verkörpert er natürlich eine ganz andere Klasse. Was mich an diesem Mann besonderes beeindruckt, ist seine unglaubliche Energie und sein hohes Berufsethos.

Wo liegen die Unterschiede zwischen Viktor und Garri?

Kortschnoi lebt nur für das Schach. Kasparow ist anders. Er interessiert sich noch für viele andere Dinge, und deshalb fasziniert er mich. Garri versteht einiges von Geschäften und ist auch politisch interessiert. Ich bin sehr beeindruckt, weil er über die Jahre hinweg mit seinen Prognosen eine große Trefferquote erzielt hat. Er sagte praktisch auf den Monat genau den Rückzug der Russen aus Afghanistan voraus, prophezeite den Fall der Berliner Mauer und die Vereinigung Deutschlands. Da wurde nicht nur ich auf ihn aufmerksam.

Ist diese "Hellseherei" eine Gottesgabe?

Wohl kaum. Ich glaube, er hat einfach sehr gute Beziehungen, die bis in die russische Regierung hineinreichen.

Aber Kasparow wird wegen einiger seiner Verbindungen auch kritisiert. So sind der russische Schachpräsident Makarow und andere sehr umstritten. Was würden Sie Garri für die Zukunft raten?

Mit ihrer Frage mögen Sie schon recht haben. Ich kenne diese Leute nicht näher, aber andere Menschen, die behaupten, sie zu kennen. Es sind vielleicht nicht die besten Partner, die man sich wünscht. Aber das sind nur die, die man nach außen sieht. Ich sprach von Kasparows Verbindungen bis in höchste Moskauer Kreise. Ein Weltmeister in Rußland verkörpert genau wie früher in der Sowjetunion eine sehr große Persönlichkeit. Deshalb hat er es auch leichter als andere.

Kasparow hatte Sie im Frühjahr 1995 um die Unterstützung der WM in Köln gebeten. Wie reagierten Sie darauf?

Wir hatten eigentlich ausgemacht, gemeinsam mit einigen großen deutschen Firmen ein WM – Match in München zu unterstützen. Das war weit gediehen. Viele Dinge waren schon fixiert, aber dann hat es plötzlich Schwierigkeiten gegeben, vor allem aus Termingründen. Wegen des Oktoberfestes sollte dort nicht gespielt werden können. Da mußten wir passen.

Haben Sie das bedauert?

Ja, natürlich. Für eine Firma, die international noch bekannter werden möchte, ist eine Weltmeisterschaft nach so langer Zeit (über 60 Jahre gab es keine Schach – WM in Deutschland) eine gute Gelegenheit, sich darzustellen. Für die Anlagefonds von Credis Investment ist unser Nachbarland ein großer interessanter Markt. Und deshalb habe ich, obwohl die Gelder schon verplant waren, versucht, meine Leute zu überzeugen.

Um welche Größenordnungen handelte es sich?

Über Geld reden wir in der Öffentlichkeit nicht. Den Preisfonds trägt ja die Firma Intel. Was wir tun, ist Sponsoring. Das bedeutet nicht nur Geld geben. Sponsoring heißt Geben und Nehmen. Unser Ziel war es, bei der WM in Köln präsent zu sein. Da das Duell Kasparow – Anand täglich vom Fernsehen übertragen werden sollte, hätten wir die Möglichkeit gehabt, bei einem größeren Publikum bekannt zu werden.

Was sagen Sie zum Schwenk Kasparows von Köln nach New York? Sind Sie jetzt sauer?

Nein, warum sollte ich? Ein Sponsoring in New York ist für uns natürlich weniger interessant als in Köln, aber ich verstehe die Entscheidung der PCA. Angesichts des Defizits von Köln und der Offerte aus New York hätte wahrscheinlich jeder so gehandelt.

Wo lag der Fehler von Köln?

Es gab keine festen Zuständigkeiten. Wir wußten nie, wer federführend war: die Agentur Fairway Marketing, der WDR, Herr Friedel? Wir als Sponsoren lieben es, wenn es einen zuständigen Mann gibt. Bei den Münchner Turnieren war das zum Beispiel immer so. Dort liefen alle Fäden bei Dr. Jellissen zusammen.

Verstehen Sie die Enttäuschung in Deutschland?

Mich erstaunt, daß in Ihrem Land, das ein so großes Ereignis veranstalten wollte, kein deutsches Geld aufzutreiben war. Offenbar ist das Schach-Engagement in Deutschland doch nicht so groß. Das wundert mich schon. Wer eine Olympiade oder eine Weltmeisterschaft organisiert, von dem kann man doch annehmen, daß er auch eigene Mittel dazugibt.

Ich denke aber, wir werden dennoch viel von dieser Schach-WM sehen. Die Fernsehpräsenz in New York wird sehr groß sein. Es wird auch bei uns ausgestrahlt. Garri Kasparow weiß ja auch, das Interesse am Schachspiel ist eher in Europa vorhanden als in Amerika.

Ungewißheit bis zuletzt

Während des Sommerlochs 1995 herrscht einige Wochen Nachrichten-Stille in bezug auf die PCA-Weltmeisterschaft. Nach dem Umzug-Schock erfreuen sich Deutschlands Schachfans im heißen Monat Juli lieber an den Zügen, die von Karpow, Kramnik & Co auf der Bühne des Dortmunder Schauspielhauses geboten wurden.

Nach meiner Rückkehr aus der Westfalenmetropole erhalte ich am Sonnabend, dem 5. August, in Berlin einen Anruf aus Madrid. Artur Jussupow, Anands Chefsekundant, konsultiert mich in Sachen 1. Bundesliga – sein geplanter Wechsel zu Empor Berlin scheiterte in letzter Minute, und er heuert für die Saison 1995/96 in Solingen an. Gravierender als diese Geschichte, sagt der Wahl-Bayer, seien die ungeklärten Probleme im Vorfeld der WM. Man habe in der spanischen Hauptstadt zwar sehr gut gearbeitet, aber die Ungewißheit über viele noch offene Fragen zerre sehr an den Nerven Vishys und seines ganzen Teams.

Sollte es auch in New York, dem 3. WM-Ausrichter der PCA für 1995, wie schon vorher bei Dortmund und Köln unüberwindbare Hindernisse geben? Nach Artur Jussupows Worten ist der Preisfonds nicht garantiert und könne noch gekürzt werden. Man sei darüber informiert worden, daß in New York Geld für Organisationskosten und eine TV-Produktion über die Schach-WM fehlt. (In Deutschland hätte die Präsentation des Duells im Fernsehen etwas eingebracht und nichts gekostet!)

Anand hat jedenfalls bis Mitte August noch nichts Schriftliches in der Hand. Keinen Vertrag, noch nicht einmal eine offizielle Einladung zur WM-Teilnahme. Unglaublich, wenn es auch im dritten Versuch nicht gelingen sollte, das Match ordentlich unter Dach und Fach zu bringen. Rächt sich die Sprunghaftigkeit Kasparows am Ende auf der ganzen Linie?

Der Hauptsponsor Intel ist jedenfalls nicht bereit, neben der WM-Börse weitere Mittel zur Verfügung zu stellen. Keine rosigen Aussichten. Jeder Eingeweihte weiß natürlich, daß die solide Vorbereitung eines solchen Großereignisses, wie es die Schach-WM nun einmal ist, mehr als nur wenige Wochen Zeit braucht.

Hektische Betriebskamkeit wird bis zur letzten Minute nötig sein, um alle organisatorischen Dinge in den Griff zu bekommen und ein normales Match ausrichten zu können. Vielleicht ist nur eine Stadt wie New York in der Lage, so etwas durchzuziehen.

Ohne engagierte Helfer wird die PCA aber nicht auskommen. Der kleine Privatverband, dessen Politik so schwer zu durchschauen ist, hat in der Vergangenheit schon häufig seine Unzulänglichkeit und Nicht-Professionalität bewiesen.

Es vergehen noch zweieinhalb Wochen, bis Geschäftsführer Bob Rice und seine Mannen etwas von sich hören lassen. Am 22. August erfolgt endlich die offizielle Erklärung der PCA über die Austragung der Schachweltmeisterschaft in New York. Das World Trade Center wird als Spielstätte bestätigt. Die Eröffnung soll am 10. September sein, das erste Spiel zwischen Titelverteidiger Garri Kasparow und seinem Herausforderer Viswanathan Anand wird für den Tag darauf angesetzt. Der WM–Kampf geht über 20 Partien; Spieltage sind Montag, Dienstag, Donnerstag und Freitag. Es gibt keine Hängepartien, ein Duell ist nach zweimaliger Zeitkontrolle und spätestens nach sieben Stunden zu Ende. Die WM–Börse beträgt 1,5 Millionen US–Dollar, wovon der Gewinner eine Million erhält. Der Verlierer nimmt eine halbe Million mit nach Hause.

New York hat bisher fünf Schachweltmeisterschaften erlebt. Zuletzt spielten dort 1990 die beiden Erzrivalen Kasparow und Karpow eine Matchhälfte, ehe sie ins französische Lyon umzogen. Nach 12 Partien stand es zwischen ihnen 6:6, am Ende gewann Kasparow knapp mit 12,5:11,5.

Das letzte WM–Match, das in den USA in voller Länge über die Bühne ging, fand Anfang des Jahrhunderts 1907 zwischen dem deutschen Titelverteidiger Emanuel Lasker und dem Amerikaner Frank Marshall statt. Lasker war haushoch überlegen und gewann nach 15 Spielen mit 8:0. Remispartien wurden damals nicht gezählt.

Nach viel Ungewißheit herrscht Ende August 1995 Erleichterung in der Schachwelt, daß nun wenigstens eines der anstehenden WM–Matches Realität wird. Für die Weltmeisterschaft der FIDE zwischen Anatoli Karpow und Gata Kamsky gibt es noch immer keinen Austragungsort bzw. Termin.

Im Lager des PCA–Herausforderers Anand, wo man bis kurz vor ultimo noch keinen WM–Vertrag in der Tasche hatte,

kann man Steine vom Herzen fallen hören. Artur Jussupow ist froh, als ich ihm am Nachmittag des 22. August die offizielle Nachricht faxe. Am Telefon sagte der "russsiche Bär" nur wenige Worte:

"Ein Glück, daß es jetzt wirklich losgehen kann. Die lange Ungewißheit war schon sehr unangenehm. Anfang September fliege ich nach New York, wo sich unser Team zu den letzten Trainingseinheiten trifft."

In Etage 107 des rechten Turms wird die PCA–WM stattfinden.

Warm up in Köln und London

Ende August taucht Vishy Anand aus der Versenkung auf. Von Madrid kommt er nach Köln, wo er noch ein Versprechen einlösen will. Und er kann seine WM–Form testen. In einer Fernsehpartie besiegt der Großmeister aus Madras mit den schwarzen Steinen den Holländer Jeroen Piket.

Moderator Dr. Claus Spahn macht vor laufenden Kameras keinen Hehl daraus, daß die deutsche Schachöffentlichkeit enttäuscht von der Evakuierung der WM nach New York sei. Der Weltmeister habe seine Zusage nicht eingehalten. Wort gehalten hat aber Anand mit der Fernsehpartie. Vishys Besuch im Schachstudio des WDR ist sein erster öffentlicher Auftritt seit vier Monaten.

axb5 25. f3 b4 26. e4 Ta1
27. Dxb4 T1xa2 28. h4 T2a4
29. Dc3 Tb8 30. b3 Ta2 31. b4
Tba8 32. b5 Tf2 33. Sc2 Ta2
34. Se1 Tfb2 35. Dc4 d5
36. Dc8+ Kh7 37. e5 Sh5
38. Dc1 Txb5 39. Kh3 Tbb2
40. De3 Te2 41. Db3 Sf4+
42. Kg4 Sg6 43. f4 Tab2 44.
Dc3, und Weiß überschritt in verlorener Stellung die Zeit.

Anand ist zufrieden mit seiner Visite in Köln, da er dringend Spielpraxis braucht. TV–Kommentator Vlasti Hort: "Er zeigte in der Partie orientalische Geduld, verbunden mit großartiger Technik."
Von Köln fliegt der indische Großmeister nach London, wo

er eine weitere Gelegenheit zum Aufwärmen für sein WM–Match hat. Kasparow fehlt in der britischen Hauptstadt. Er begibt sich schon frühzeitig nach New York, um noch wichtige Dinge vor dem WM–Match zu regeln. Außerdem ist ihm London wegen seiner Niederlage von 1994 gegen das elektronische Schachprogramm Genius 3 nicht gerade in bester Erinnerung.

Am Sonntag, dem 3. September, gehen im Conference Forum die entscheidenden Duelle des Grand Prix über die Bühne. Anand ist als einziger der Top–Favoriten noch im Rennen, nachdem Wladimir Kramnik und Wassili Iwantschuk schon frühzeitig ausgeschieden sind. Die Halbfinal–Paarungen lauten Michael Adams – Antony

Piket – Anand

Damenindisch E13

Köln, 27.8.1995

1. d4 Sf6 2. c4 e6 3. Sf3 b6
4. Sc3 Lb4 5. Lg5 Lb7 6. e3 h6
7. Lh4 c5 8. dxc5 Lxc5 9. Ld3
Le7 10. 0–0 0–0 11. Tc1 Sa6
12. Lb1 Sc5 13. Sd4 Sfe4
14. Lxe7 Dxe7 15. Sxe4 Lxe4
16. Lxe4 Sxe4 17. Dc2 Sf6
18. Tfd1 Tfc8 19. Da4 a6
20. Db3 Dc5 21. h3 b5 22. cxb5
Dxc1 23. Txc1 Txc1+ 24. Kh2

Tower Bridge in London

Miles und Viswanathan Anand – Alexej Drejew. Adams gewinnt das englische Match 1,5:0,5, und jeder erwartet nun einen Sieg Anands über Drejew und damit ein Finale der beiden "A". Aber der Russe, der schon Iwantschuk eliminiert hatte, leistet heftigen Widerstand. Außerdem hat er an diesem Tage das Glück auf seiner Seite. Nachdem es 1:1 steht, wählt Drejew die schwarzen Steine, mit denen ein Remis zum Weiterkommen genügt. Er besitzt damit bereits einen kleinen psychologischen Vorteil. In der Blitzpartie erreicht "Speedy Gonzales" nicht die gewohnte Schnelligkeit und verliert nach 65 Zügen in klarer Gewinnstellung durch Zeitüberschreitung. Sein Blättchen fällt, während Drejew noch eine Sekunde auf seiner Uhr hat. Dramatischer geht es nicht!

Anand bleibt dennoch gelassen. Ihm fehlte ganz einfach noch etwas das Gefühl für die Uhr. Das Ganze erinnert an die erste Partie des PCA–Kandidatenfinales in Las Palmas, als der Inder gegen Kamsky auch die Zeit überschritt, was bei ihm in einem normalen Spiel nie vorkommt. Gut, daß Vishy London noch mal zum "warm up" nutzen konnte. Drejew erfährt seinerseits späte Genugtuung. 1991 hatte Anand ihn in einem WM–Kandidatenmatch der FIDE mit 4,5:1,5 deklassiert. – Das Londoner Grand–Prix–Finale endet mit einem 2:0 Sieg von Adams über Drejew.

Letzter Akt im Sommertheater

Wenige Tage vor dem Showdown in Manhattan sorgt ein SPIEGEL–Interview Garri Kasparows hierzulande noch einmal für Aufregung. Der Weltmeister behauptet dort unter anderem, daß der Deutsche Schachbund die Weltmeisterschaft im eigenen Lande nicht haben wollte, ja sie sogar sabotierte. DSB–Präsident Egon Ditt kontert sofort und erklärt: "Kasparow sagt die Unwahrheit." Die PCA habe die WM in Deutschland nicht ausreichend vorbereitet und sich wenig professionell verhalten. In sechs Punkten weist Egon Ditt detailliert nach, daß der DSB seit der Schacholympiade 1994 in Moskau mit Kasparow im Gespräch war und seine Hilfe für die WM in Deutschland angeboten habe. Eine Kurzfassung der Stellungnahme des Deutschen Schachbundes wird den Medien übergeben.

Garri Kasparow: "Der DSB wollte uns nicht!"

Presseerklärung vom 06.09.1995

In einem SPIEGEL-Interview hat Schachweltmeister Kasparow den Deutschen Schachbund (DSB) beschuldigt, für die Absage des Schachweltmeisterschaftskampfes zwischen Kasparow und Anand verantwortlich zu sein. Kasparow wörtlich: "Hinter der Absage steckte eindeutig der Deutsche Schachbund. Der will die PCA sabotieren. Wir hatten von Intel Europa die Vorgabe, in Deutschland zu spielen. Und der Verband wußte, daß er uns mitten ins Herz treffen würde, wenn das Match in Deutschland platzt."

Hierzu stellt der Präsident des Deutschen Schachbundes, Egon Ditt, klar: Der Deutsche Schachbund hat durch seinen Präsidenten und seinen Geschäftsführer in mehreren Gesprächen, u.a. anläßlich der Schacholympiade am 15. Dezember 1994 in Moskau, bei einem Empfang des Lettischen Schachverbandes am 22. April 1995 in Jurmala bei Riga, am 24. April 1994 bei der Siegerehrung des Tal-Gedenktuniers in Riga und anläßlich des Fernsehauftritts von Kasparow beim WDR am 20. Mai 1995, dem Weltmeister persönlich die Unterstützung für den WM-Kampf in Köln angeboten.

Ein vereinbarter Besprechungstermin in der 2. Julihälfte 1995 wurde weder von Kasparow noch von seiner Marketing-Agentur oder dem deutschen Repräsentanten der PCA eingehalten.

Dies führt zu dem Schluß, daß die PCA die Veranstaltung der Weltmeisterschaft in Deutschland weder organisatorisch noch in der Finanzierung ausreichend vorbereitet und sich wenig professionell verhalten hat. Es bestehen Zweifel, ob die PCA die Austragung in Deutschland überhaupt ernsthaft wollte. Wenn der PCA-Weltmeister jetzt den Deutschen Schachbund als Sündenbock benutzen will, um die Fehler seiner Organisation und ihrer Mitarbeiter zu verschleiern, tut er das wider besseres Wissen. Die Glaubwürdigkeit von PCA-Weltmeister Kasparow und die der PCA werden darunter weiter leiden.

Damit setzen wir den Schlußpunkt unter eine lange WM-Vorgeschichte. Der Weg nach New York war in der Tat komplizierter als je zuvor ein anderer in der Historie von Schachweltmeisterschaften. Einen Rekord hält das 1995er Match schon jetzt, meint ein renommierter deutscher Schach-Kolumnist am Eröffnungstag. Es habe im Vorfeld den meisten Ärger verursacht.

Die Schachwelt hat Anfang September nur noch einen Wunsch: Kasparow und Anand sollen jetzt die Figuren sprechen lassen und möglichst schöne Züge aufs Brett zaubern. Daß die beiden Finalteilnehmer alle Fähigkeiten haben, ein spannendes Match zu bieten, daran zweifelt niemand.

Was Vishy Anand angeht, so ist der bereit, seinen Teil zu einem hochklassigen Duell beizutragen. Der freundliche Vegetarier bietet nicht nur am Spieltisch, sondern auch im Umgang mit der Öffentlichkeit ein sehr viel angenehmeres Bild als der grimmige Schach-Oberhäuptling Garri Kasparow.

V. Anand

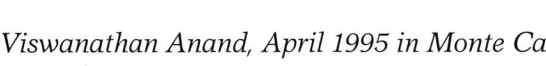

Viswanathan Anand, April 1995 in Monte Carlo

Anands Mutter Susila

Der Traum vom Weltmeister

Vishy, seit wann spielst Du Schach?

Mit sechs Jahren habe ich damit begonnen.

Träumst Du schon lange davon, Weltmeister zu werden?

Ja, aber den genauen Zeitpunkt weiß ich nicht mehr. Es ist lange her. Wahrscheinlich, seitdem ich Schach spiele.

In Las Palmas hast Du das Kandidatenfinale gegen Gata Kamsky überzeugend gewonnen. Was war anders als bei Deiner Niederlage 1994 in Indien?

Ich habe meine Arbeit einfach besser gemacht, war sehr gut vorbereitet, konzentrierter und habe richtg gekämpft.

Was war in der 1. Partie los – dort hast Du durch Zeitüberschreitung verloren?

Ich besaß zwar eine Gewinnstellung, aber mir fehlte die Praxis. Vor dem Match hatte ich ja drei Monate lang keine Turnierpartie gespielt. Das war das Hauptproblem.

Was dachtest Du nach diesem Spiel?

Ich habe mir gesagt, vergiß den Start. Du mußt jetzt fighten. Das Match geht über 12 Partien, du hast noch deine Chance.

Wie war die Atmosphäre mit Kamskys in Las Palmas, vor allem das Verhältnis zu Gatas Vater Rustam?

Also, ich hatte keine Probleme mit ihm. Wir wohnten in verschiedenen Hotels, und somit bekam ich nicht mit, was er tat.

Wie verlief Deine WM-Vorbereitung?

Wenig Turniere in diesem Jahr, dafür mehr Training. Ich studierte mit meinem Team aufmerksam die Partien Kasparows, um seine Schwachstellen zu finden und daraus meine Schlüsse zu ziehen. Es galt, neue Ideen zu finden, um den Titelverteidiger im bevorstehenden Duell überraschen zu können.

Wer sind Deine WM-Sekundanten?

Die Großmeister Jussupow, Speelman, Wolff und Ubilawa. Wir haben uns in Madrid vorbereitet.

Was denkst Du über Kasparow als Schachspieler?

Er ist ein äußerst kreativer Schachmeister. Besonders zeichnet ihn aus, daß er in jeder Partie um die Initiative kämpft.

Wie ist Deine Bilanz gegen Garri?

Ich habe schon mit Weiß und mit Schwarz gegen ihn gewonnen. Er liegt aber nach Siegen vorn. Die meisten unserer Partien endeten remis.

Was hältst Du von dem Menschen Kasparow?

Ich habe keine großen Probleme mit ihm und halte ihn für akzeptabel. Seine persönlichen Eigenarten interessieren mich nicht. Ich will einfach mit ihm Schach spielen – mehr nicht.

Wie kann man ihn besiegen?

Es war und ist meine Aufgabe, das herauszufinden.

Wo liegen Garris schachliche Schwächen?

Dazu kann man generell nur wenig sagen. Ich habe seine Partien studiert, um dort einiges zu entdecken.

Ist die Begrenzung auf 20 WM-Partien okay?

Ja, es war gut, die Anzahl der Spiele zu reduzieren. 24 Partien wären zuviel.

Wie wird das Endergebnis lauten?

Ich hoffe zu gewinnen.

Hat Kasparow Dich gefragt, wo Du die WM spielen möchtest?

Nein. Die Sachen wurden nicht von den Spielern entschieden, sondern von den Organisatoren.

Wer sollte Schachweltmeisterschaften künftig ausrichten – der Weltverband FIDE oder die Profiorganisation PCA?

Ich weiß nicht. Das ist eine komplizierte Frage. Die internationale Schachgemeinschaft muß eine Lösung finden. Zwei WM-Matche sorgen für Konfusion.

Was hälst Du von der internationalen Schach-Mafia?

Ich denke nicht in solchen Kategorien. Mir ist das fremd. Man muß sehen, was diese Leute in

Zukunft tun. Der Begriff Mafia ist vielleicht übertrieben.

Wie lange wird die Professional Chess Association (PCA) existieren?

Ich habe keine Ahnung. Wait and see.

Wird die Verbindung zwischen der PCA und ihrem Sponsor Intel überhaupt halten?

Wer weiß das schon?

Ist Schach das Wichtigste in Deinem Leben?

Ja, das ist es. Obwohl es noch andere interessante Dinge gibt.

Wer half Dir am meisten in Deiner Karriere?

Da gibt es viele Menschen. Vor allem meine Eltern und Freunde aus meinem Land.

Wer ist Dein Hauptsponsor?

Ich habe einen Vertrag mit der indischen Firma Ramco Industries. Sie stellt Computer–Software her. Über die Höhe der Zuwendungen sage ich aber nichts.

Du bist Vegetarier. Wann hast Du zum letzten Male Fleisch gegessen?

Es ist lange her, ich kann mich nicht mehr erinnern. Heute bevorzuge ich Fisch. Meine Eltern sind reine Vegetarier.

Hast Du Freunde unter den Schachspielern?

Ja, vor allem die Jungs meiner Generation.

Nenne bitte einige Namen...

Iwantschuk, Kramnik, Gelfand,

Jussupow, Lautier, Piket...

Ich habe Dich mit einer Freundin gesehen. Wann willst Du heiraten?

Zur Zeit habe ich nicht die Absicht.

Soll Deine künftige Frau eine Inderin sein? Wenn ja, suchen Deine Eltern sie aus?

Zu diesem Thema möchte ich nichts sagen.

Glaubst Du an Gott?

Ja. Ich bin Hindu und glaube an einen indischen Gott.

Du kommst aus einem Land mit riesigen Problemen. Hilfst Du den armen Menschen in Deiner Heimat?

Ja, wenn ich jemandem helfen kann, bin ich froh. Aber ich hänge mein soziales Engagement nicht an die große Glocke.

Danke, Vishy, für das Gespräch, und viel Glück für den WM–Kampf!

Duell in den Wolken
Schach–WM in New York

Aufschlag im Glashaus

Wir machen jetzt mit dem Herausforderer einen Sprung über den Atlantik nach New York, wo der Countdown für das Ereignis des Schachjahres 1995 läuft. Am Sonntag, dem 10. September 1995, ist es soweit – im World Trade Center wird die PCA–Weltmeisterschaft offiziell eröffnet.

Der Medienandrang ist groß. In luftiger Höhe der Aussichtsplattform werden die Farben für die erste Partie ausgelost. Dazu dienen Modelle der beiden Türme des berühmten Wolkenkratzers. Anand darf zuerst einen Mini–Turm lüften. Er hebt ihn in die Höhe, und eine weiße Dame kommt zum Vorschein. Der Inder hat damit Aufschlag im ersten Spiel. Ein gutes Omen?

Schachgeschäft

Straßenschach

Von der Bank zur WM

Während der feierlichen Zeremonie äußert Titelverteidiger Kasparow seine Freude über den spektakulären Austragungsort – die ursprünglich vorgesehenen WM–Städte Dortmund und Köln sind vergessen. Der den großen Auftritt liebende Weltmeister dankt vor dem Auditorium eine Viertelmeile über dem Meeresspiegel dafür, daß dieser Wettkampf in der neuen Welt stattfinden kann. PCA–Geschäftsführer Bob Rice würdigt den Beitrag des Hauptsponsors und sagt: "Es war ein Glück, daß sich Intel und Kasparow zur rechten Zeit getroffen haben."

Befragt nach den Chancen der beiden WM–Finalisten, meint Kasparow, daß derjenige gewinnen wird, der am schnellsten seine Form findet. Der Champion zollt seinem Herausforderer großen Respekt. Kasparows Worte sind nicht nur Höflichkeit, wenn er Anand als sehr dynamischen Spieler bezeichnet, der immer stärker wird. Der Herausforderer von 1995 sei schon besser als sein ewiger Rivale Anatoli Karpow. "Wir haben einen ähnlichen Schachstil und suchen beide die Entscheidung am Netz", fügt der Champion mit blitzenden Augen hinzu. Die Anleihe beim Tennis kommt nicht von ungefähr. Am Eröffnungstag der PCA–Weltmeisterschaft sind gerade die US–Open zu Ende gegangen. Werden sich Garri und Vishy die Bälle ebenso um die Ohren schlagen wie die Finalisten Sampras und Agassi?

Auch wenn Kasparow als klarer Favorit ins WM–Rennen geht, gibt es nicht wenige, die Anand eine Menge zutrauen. Stellvertretend seien nur die Aussagen zweier prominenter Vorgänger des Weltmeisters zitiert. Sein langjähriger Erzrivale Anatoli Karpow sagt, Kasparow habe seinen Leistungszenit bereits überschritten, und Boris Spasski forderte den Champion gar öffentlich auf, seinen Titel abzugeben und freiwillig in den "Klub der Exweltmeister" einzutreten. Zehn Jahre Herrschaft auf dem Schachthron seien genug!

In einer solchen Höhe hat noch keine Schachweltmeisterschaft stattgefunden. Garri und Vishy spielen in der 107. Etage des nach einem Bombenanschlag wiedereröffneten Buildings. Das 1966 bis 1973 errichtete Welthandelszentrum ist auf Grund seiner gewaltigen Dimensionen auffälligstes Gebäude in Manhattan. Von jedem Standort aus kann man seine 420 m hohen Zwillingstürme sehen. Sie haben je 110 Stockwerke. Täglich gehen dort 130 000 Menschen ein und aus. Allein 50 000 arbeiten in dem Bürogebäude.

Die Schach–WM findet im Turm Nr. 2 statt, wo auch die Aussichtsplattform ist. Für das Duell in den Wolken wurde eigens ein Glashaus errichtet. Die beiden Schachgenies ziehen hinter schalldichten Wänden ihre Figuren, während ihnen die Besucher des World Trade Centers – man rechnet mit einem Riesenandrang – vom observation deck (der Aussichtsplattform) aus zusehen können.

1. Partie

11. September 1995

Ein Sizilianer in Manhattan

Der Run auf die VIP–Plätze hat früh eingesetzt. Publikum und Presse drängen sich in Scharen vor der Glasvitrine in Etage 107, als das große Spektakel am Nachmittag um 15 Uhr beginnt.

New Yorks Bürgermeister Rudolph Giuliani, der Kasparow im Sommer vorgeschlagen hatte, das WM–Duell in seiner Stadt auszutragen, führt am Brett symbolisch und in Zeitlupe für die Kameras den ersten Zug mit einem weißen Bauern Anands aus. Er greift sich aber den falschen und zieht 1. c2–c4. Der verblüffte Anand nimmt den Zug schnell zurück und eröffnet wie immer mit 1. e2–e4.

Kasparow wählt daraufhin erwartungsgemäß die Sizilianische Verteidigung. Gespielt wird eine Variante des Scheveninger Systems, das der Weltmeister wie kein anderer beherrscht. Vishy Anand agiert in seiner gewohnt schnellen Art, während Garri Kasparow über seinen 13. Zug fast eine halbe Stunde nachdenken muß. Der Moskauer kommt aber nie in Schwierigkeiten. Beide Spieler gehen vorsichtig zu Werke, um sich beim Matchauftakt keine Blöße zu geben. Jeder will einen frühen Rückstand vermeiden.

Anand – Kasparow
Sizilianisch B85

1. e4   c5

Sizilianisch ist Kasparows Lieblingswaffe gegen 1. e2–e4. Mit der scharfen Eröffnung hat er schon viele stolze Erfolge errungen.

2. Sf3   d6

3. d4   cxd4

4. Sxd4   Sf6

5. Sc3   a6

6. Le2   e6

Das Scheveninger System. Kasparow kennt es in und auswendig. Vor Jahren hat er gemeinsam mit seinem ehemaligen Trainer Alexander Nikitin ein Buch darüber verfaßt.

7. a4   Sc6

8. 0–0   Le7

9. Le3   0–0

10. f4   Dc7

11. Kh1   Te8

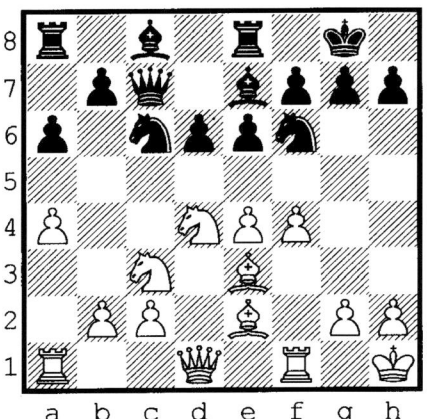

Bisher ist alles Theorie und kam auch in früheren WM–Kämpfen zwischen Kasparow und Karpow vor. Mögliche Fortsetzungen für Weiß sind jetzt 12. Lg1 Lf8, 12. Dd3 nebst Dg3, 12. Lf3 Tb8 13. g4!? oder 12. Ld3 Sa5 13. Lf2. Anand wählt ein ruhiges Abspiel.

12. Dd2   Ld7

13. Tad1   Tad8

Nachdem beide Seiten die Entwicklung ihrer Figuren beendet haben, beginnt das Lavierspiel. Über seinen letzten Zug hat Kasparow lange nachgedacht. Keiner läßt sich zu verfrühten Bauernvorstößen hinreißen, um Stellungsschwächen zu vermeiden.

14. Sb3   Lc8

15. Lf3   b6

16. Df2   Sd7

17. Sd4   Lb7

18. Lh5!?   (N)

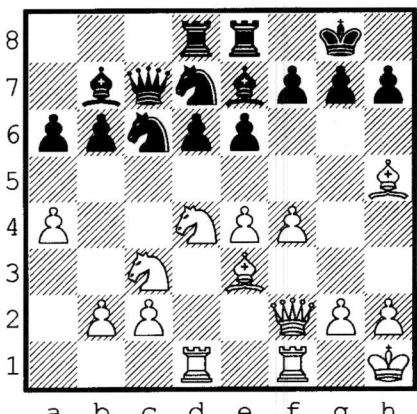

Das erste Fauchen des Tigers aus Madras. Mit seinem neuen Zug stellt Vishy eine Drohung gegen Garris König auf. Daß sie ernst zu nehmen ist, zeigen folgende Varianten:

1) 18. ... g6 19. f5! exf5 (nach 19. ... gxh5 20. fxe6 ginge Schwarz schnell unter) 20. Sd5 Dc8 21. Sxf5! gxf5 22. Dxf5 Sde5 23. Lxf7+, und Weiß dominiert.

2) 18. ... Sf6? 19. Sxe6! fxe6 20. Lxb6 mit weißem Vorteil.

3) 18. ... Sc5 19. f5 Sxd4 20. fxe6 Sdxe6 21. Lxf7+ Kh8 22. Lxe6 Sxe6 23. Lxb6 Dc6 24. Lxd8 Sxd8 25. Sd5 mit Angriff.

4) 18. ... Sxd4 19. Lxd4 Lf6? 20. e5!, und Weiß ist am Drücker.

Die im Pressezentrum versammelten Experten sind sich jedoch einig, daß der Angriffsversuch des Inders nur als kleiner Test mit provokativer Absicht zu verstehen ist und Schwarz bei genauer Verteidigung nicht in Verlegenheit bringen kann. Der Weltmeister findet die beste Erwiderung.

18. ...	**Tf8!**
19. Dg3	

Was passiert auf 19. Lxf7+ Txf7 20. Sxe6? Die Folgen des wei-ßen Läufereinschlags sollten einmal näher unter die Lupe genommen werden.

19. ...	**Sxd4**
20. Lxd4	**Lf6**
21. Le2	**e5**
22. fxe5	**Lxe5**
23. Df2	**Sc5**
24. Lf3	

Der Champion tadelt diesen Zug später und empfiehlt 24. Lxe5 dxe5 25. Txd8 Txd8 26. Lc4 Sxe4 27. Dxf7+ Dxf7 28. Txf7 Td4 29. Txb7 Txc4 30. Sxe4 Txe4 mit Ausgleich.

24. ...	**Tfe8**

Genauer war das sofortige 24. ... a5 (Kasparow).

25. h3	**a5**

Der letzte Zug von Schwarz überrascht einige Kommentatoren, weil dadurch das Feld b5 geschwächt wird. Aber der Vorteil des Bauernvorstoßes besteht darin, daß die Leichtfiguren des Nachziehenden auf c5 und e5 sichere Standorte haben. Gegen die feste Blockadestellung des Weltmeisters kann Anand nichts mehr ausrichten.

26. Tfe1	**Lc6**
27. b3	**h6**

Kasparow rückt die Figuren zurecht.

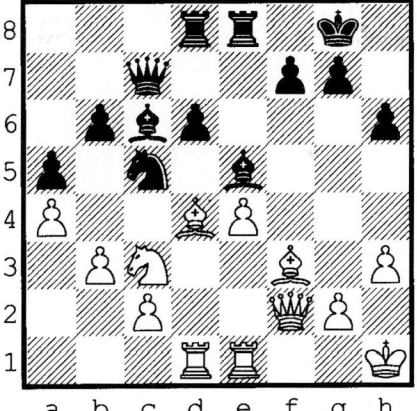

Remis.

Weiß besitzt die halboffene d- und f-Linie sowie das starke Feld d5. Schwarz beherrscht dafür die zentralen Punkte c5 und e5, hat aber den rückständigen Bauern auf d6. Keiner kommt mehr recht weiter, also Friedensschluß.

Stand: 0,5 : 0,5

Auf der Pressekonferenz nach dem Spiel erklärt Garri Kasparow:

"Anand hatte Weiß, was gleichbedeutend mit dem Aufschlag im Tennis ist. Er konnte die Aktionen diktieren, und ich wartete auf eine große, neue Idee von ihm, die er gegen mich ausprobieren wollte. Als er 18. Lh5 spielte, dachte ich: Okay, das ist es also. Nach einigen simplen Verteidigungszügen gab er seinen Plan auf und hatte nichts Ernstes mehr. Nach weiteren Vereinfachungen bot ich Remis an."

Anands Kommentar zur 1. WM-Partie: "Kasparow spielte die Verteidigung, mit der er vor zehn Jahren die Schachkrone eroberte. Deshalb testete ich ihn mit einem neuen Aufbau. Ich versuchte 18. Lh5. Er fand jedoch die beste Verteidigung. Ich entschloß mich daraufhin, die Stellung lieber zu konsolidieren, als ungerechtfertigte Risiken einzugehen und anzugreifen."

2. Partie

12. September 1995
Kein Rock'n Roll

Farbenwechsel im World Trade Center. Was für eine Figur wird Viswanathan Anand heute mit Schwarz abgeben?

Kasparow eröffnet wie erwartet mit dem Doppelschritt seines Damenbauern. Wir erleben die Nimzoindische Verteidigung, nicht Slawisch oder Grünfeld-Indisch, was Anand sonst gern spielt. Schwarz baut sich sicher auf, spielt zügig und selbstbewußt. Seine Strategie ist es, den Champion zu riskanten Attacken zu verleiten. Garri Kasparow kommt schon bald ins Grübeln. Er ist mit seiner Eröffnungsbehandlung sichtlich unzufrieden und benötigt für den 16. Zug eine Dreiviertelstunde Bedenkzeit.

Der Moskauer gerät während der Partie zwar nicht in Bedrängnis, aber in Zeitnot. Es erfolgt ein Generalabtausch, und nach 29 Zügen bietet Kasparow dem Herausforderer das Unentschieden an. Der Weltmeister hat nur noch acht Minuten auf seiner Uhr, Anand dagegen 27.

Kasparow – Anand
Nimzoindisch E34

1. d4	Sf6
2. c4	e6
3. Sc3	Lb4
4. Dc2	d5
5. cxd5	Dxd5!?

Mit dem Partiezug schlägt Schwarz einen selteneren Weg ein. Üblich ist an dieser Stelle 5. ... exd5. Mittels 5. ... Dxd5 erzeugt Schwarz sogleich Druck gegen den Bauern auf d4. Weiß kann jetzt aber die feindliche Dame angreifen.

6. e3

Kasparow verzichtet auf 6. Sf3, weil darauf das starke 6. ... Df5! folgt. Nach 7. Dxf5 exf5 8. Ld2 c6 hatte Schwarz in der Partie Beljawski – Romanischin (Groningen 1993) bereits Ausgleich und gewann später in glänzendem Stil.

6. ...	c5
7. Ld2	

In der Partie Kasparow – Nikolic (Schacholympiade, Moskau 1994) geschah 7. a3, und nach 7. ... cxd4 8. axb4 dxc3 9. bxc3 b5 10. Sf3 0-0 11. c4 bxc4 12. Lxc4 De4 13. Ld3 Dxb4+ 14. Ke2 Db6 war die Stellung ausgeglichen.

7. ...	Lxc3
8. Lxc3	cxd4
9. Lxd4	Sc6

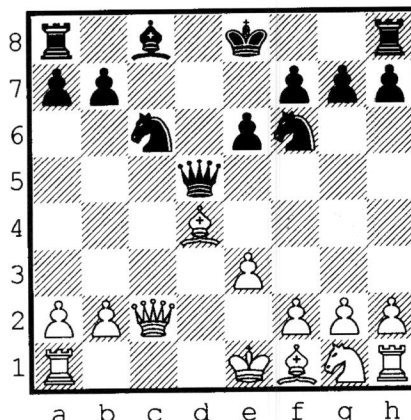

10. Lxf6

In der Begegnung Smyslow – Finegold (London 1988) folgte 10. Lc3 e5 11. Sf3 Lg4 12. Le2 0-0 13. Db3 Dxb3 14. axb3 Tfe8 15. Lb5 Sd7 16. Lxc6 bxc6 17. Ta5 f6 und Remis.

Kasparow gibt nach längerem Überlegen den Vorteil des Läuferpaares auf, um die gegnerische Stellung zu deformieren. In der Regel bedeuten Doppelbauern eine Schwäche, aber die schwarze Position ist in diesem Falle fest genug.

10. ...	gxf6
11. Se2	Ld7
12. a3	

Ein notwendiger Zug. Ungünstig für Weiß wäre 12. Sc3 Sb4 13. De2 Df5!

12. ...	De5
13. Sc3	f5

Diese Fortsetzung findet nicht den Beifall der Kommentatoren, auch nicht des Weltmeisters. Nach 13. ... Sd4 nebst Sf5 steht das Spiel gleich (Kasparow). Anand sagt nach dem Spiel, er wollte das Feld f5 lieber für den Bauern als für den Springer reservieren. Nach 13. ... Sd4 14. Dd1 Sf5 15. Dh5 Lc6 16. 0–0–0 Tc8 17. Kb1 Ke7 sei die Stellung sehr scharf und unklar.

14. 0–0–0   0–0–0

15. g3   Kb8

16. Le2

An dieser Stelle brütet Weiß fast 45 Minuten. Zu überlegen war unter anderem, ob der Läufer auf g2 vielleicht besser steht. Der Weltmeister kam zu der Überzeugung, daß Schwarz danach bequemer ausgleichen kann. Garris Zug ist elastischer, weil der Läufer jetzt auf beiden Flügeln spielen kann.

16. ...   Se7

17. Dd3

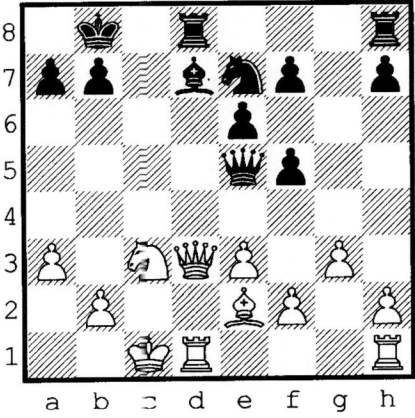

a b c d e f g h

Kasparow bietet listig seine Dame an.

17. ...   Dc7!

Ein feiner Zug des Herausforderers. Wenig einbringen würde 17. ... Lc6 18. Dxd8+ Txd8 19. Txd8+ Kc7 20. Thd1 Sd5 21. T8xd5! (21. Scxd5+?? Kxd8) 21. ... exd5 22. Lf3. Anand be-

säße dann zwar die Dame für Turm und Leichtfigur, aber Weiß hätte auf Grund der schwarzen Bauernschwächen das bessere Endspiel.

18. Dd6   Lc6

19. Dxc7+   Kxc7

20. The1   Txd1+

21. Txd1   Td8

22. Txd8   Kxd8

23. Kd2

Nachdem alle Schwerfiguren abgetauscht sind, schaut die Stellung von Kasparow etwas günstiger aus. Der Vorteil hat aber nur symbolischen Charakter, so daß Anand nichts befürchten muß. Mit seinen nächsten Zügen strebt der Inder dem sicheren Unentschieden entgegen.

23. ...   Sc8

24. Kd3   Sd6

25. Kd4   b6

26. b4   Ke7

27. f4   h6

28. a4   f6

29. a5   Ld7

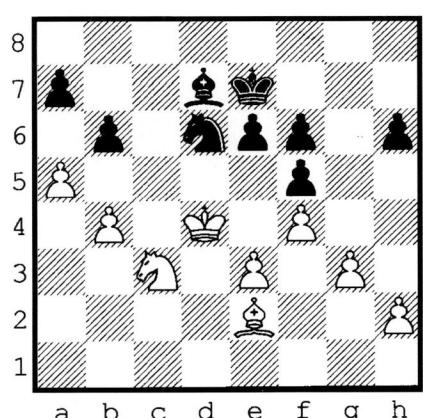

a b c d e f g h

Remis.

Stand: 1:1

Ein wichtiger Teilerfolg für Anand. Vor der Presse äußert sich der indische Großmeister zufrieden über seinen WM-Auftakt. Die Beobachter vor Ort werten es als enormes psychologisches Plus, daß Viswanathan gegen den Angriffskünstler Kasparow mit Schwarz standgehalten hat. Die bisherige Statistik zwischen beiden verdeutlicht den Wert des heutigen Ergebnisses. In seiner Karriere gewann Anand gegen den Schachkönig mit Schwarz bei zwei Remis und fünf Niederlagen erst eine einzige Partie.

Der Inder wird heute unter anderem gefragt, wie es ihm gefällt, WM-Herausforderer zu sein. Seine Antwort: "Its not exactly Rock'n Roll but it's okay." Zur Partie selbst sagt er etwas mehr.

"Ich war sicher, daß Kasparow auf meine Eröffnung vorbereitet war. Er zeigte jedoch keine umwerfend neue Idee. Als sein Eröffnungsvorteil neutralisiert war, grübelte er 40 Minuten und zog das gefährliche 16. Le2 nebst 17. Dd3. Ich reagierte gut auf diesen subtilen Versuch, und seine Initiative löste sich in Nichts auf. Als wir uns dem Endspiel näherten, wollte er seine bessere Bauernstruktur zur Geltung bringen. Ich hatte jedoch nie ernsthafte Sorgen und erreichte ein komfortables Remis."

Kasparows Kommentar: Ich wollte meine erste Weiß – Partie in der Tat gewinnen. Vishy überraschte mich mit 5. ... Dxd5. Das ist zwar keine Neuerung, aber es wird selten gespielt. Es zeigt, daß er sehr gut vorbereitet ist. Ich wollte die Schwerfiguren nicht tauschen, aber Anand erzwang einige Vereinfachungen. Danach stand ich noch immer etwas besser, aber es reichte nicht zum Sieg."

Anands Sekundant Patric Wolff wertet das Ergebnis als gut für seinen Schützling. Er verweist darauf, daß Kasparow zwei Jahre zuvor bei seiner Titelverteidigung in London gegen Nigel Short aus den ersten vier Partien drei Siege herausholte.

3. Partie

14. September 1995

Mit dem Rücken zur Wand

Nach dem ersten Ruhetag hat Anand wieder die weißen Steine. Kann er heute die Sizilianische Verteidigung Kasparows knacken? Der theoretische Disput über das Scheveninger System geht weiter. Bis zum 11. Zug folgen beide der Auftaktpartie, dann wählt der Herausforderer eine schärfere Fortsetzung. Seine Stellung sieht im Mittelspiel mehr als verheißungsvoll aus. Kasparow steht mit dem Rücken zur Wand...

Anand – Kasparow
Sizilianisch B85

1. e4	c5
2. Sf3	d6
3. d4	cxd4
4. Sxd4	Sf6
5. Sc3	a6
6. Le2	e6
7. 0–0	Le7
8. a4	Sc6
9. Le3	0–0
10. f4	Dc7
11. Kh1	Te8
12. Ld3	

In der ersten Partie spielte Anand 12. Dd2 und erreichte damit nicht genügend Angriffsdruck. Nach 12. ... Ld7 13. Tad1 Tad8 war die Stellung ausgeglichen. Der weiße Textzug ist aggressiver.

12. ...	Sb4
13. a5	Ld7
14. Sf3	

Nach 14. De1 Tac8 15. Sf3 Lc6 16. Dg3 Sd7 sind die Chancen gleich.

14. ...	Lc6
15. Lb6	Dc8

Das Match – Bulletin verweist hier auf die Fortsetzung 15. ... Dd7 16. De2 Sxd3 17. cxd3 Ld8 18. Lxd8 Taxd8 19. Sd4 Dc7 20. De3 Tc8 21. Dg3 Ted8 22. Sxc6 Dxc6 23. e5 Se8 mit unklarem Spiel (Lobron – Spraggett, Wijk aan Zee 1985). Kasparow will jedoch das Feld d7 für seine Springer freihalten.

16. De1	Sd7?!

Der Weltmeister bezeichnet diesen Zug hinterher als fragwürdig und erklärt: "Ich habe bei meinem Plan Sf6–d7–c5 die Möglichkeit 19. e5! übersehen."

17. Ld4 Sc5	Sc5
18. Dg3 f6	f6

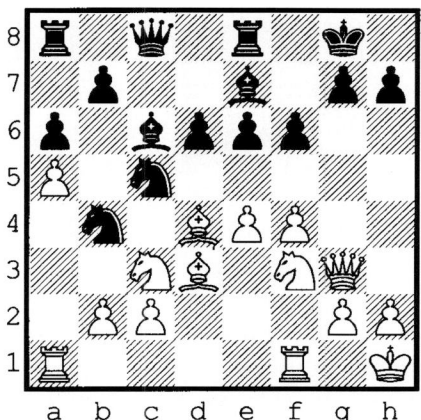

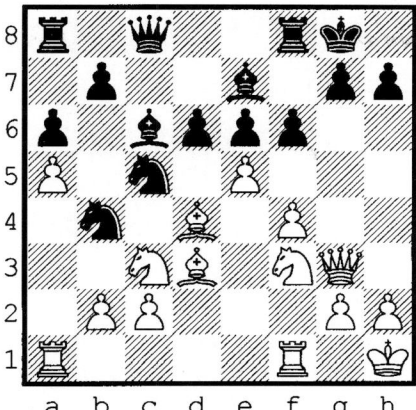

19. e5

Über diesen Bauernvorstoß dachte Anand 30 Minuten nach, was nicht typisch für ihn ist. Mit dem Textzug ist eine verantwortungsvolle Entscheidung verbunden, nach der es für Weiß kein Zurück mehr gibt.

19. ...   Tf8

Die einzige Verteidigung. Nach 19. ... dxe5 20. Lxh7+! Kxh7 21. fxe5 hat der Anziehende vernichtenden Angriff, zum Beispiel

1) 21. ... Lxf3 22. exf6 gxf6 23. Tf3 oder

2) 21. ... f5 22. Lxc5 Lxc5 23. Sg5+ Kg8 24. Dh4 oder

3) 21. ... Tf8 22. exf6 Lxf6 23. Lxf6 gxf6 24. Dxh4+ Kg8 25. Dxb4.

20. Lxc5?

Der kritische Augenblick der Partie. Wer A sagt, muß auch B sagen. Weiß hat eine großartige Angriffsstellung und konnte jetzt mit 20. exf6 Lxf6 21. Lxh7+ Kxh7 22. Sg5+ fortsetzen, wonach Schwarz in allergrößten Nöten ist, zum Beispiel

1) 22. ... Kg8 23. Dh4 Lxg5 24. fxg5 De8 25. Txf8+ Kxf8 (25. ... Dxf8 26. g6 Df5 27. Dh7+ Kf8 28. Dh8+ Ke7 29. Dxg7+ Kd8 30. Lxc5 Dxc5 31. Df8+ Kc7 32. g7 Dg5 33. Df7+ Ld7 34. Se4 Df5 35. Sf6 e5 36. c3 Sc2 37. Sd5+, und Weiß gewinnt die schwarze Dame oder verwandelt seinen g−Bauern mit Schach) 26. Tf1+ Kg8 27. Lxg7! Kxg7 28. Dh6+ Kg8 29. Tf6, und Weiß behält die Oberhand.

2) 22. ... Kg6 23. f5+ exf5 24. Sge4+ Kh7 (24. ... Kf7 25. Sxd6+; 24. ... Kh5 25. Lxf6) 25. Lxf6, und Weiß gewinnt.

3) 22. ... Lxg5 23. fxg5 Kg6 24. Tf6+! gxf6 25. gxf6+ Kh5

26. Dh3+ Kg5 27. Tf1 e5 28. Le3+ Kg6 29. Dh6+ Kf7 30. Dg7+ Ke8 31. De7 matt.

Die Kommentatoren im World Trade Center und in der übrigen Schachwelt sind der einhelligen Meinung, daß Anand einen forcierten Gewinn ausgelassen hat, darunter Raymond Keene, der die Partie in der Londoner "Times" glossiert. Vor den Zuschauern in Etage 107 teilen die Moderatoren Maurice Ashley und Daniel King den Gewinnweg bereits mit, wonach im Saal helle Aufregung herrscht. Aber es kommt anders.

Weil es sich um eine lange und sehr komplizierte Variante handelt, kann der Großmeister aus Madras am Brett offensichtlich nicht alle Möglichkeiten durchrechnen. Er scheut das Risiko, obwohl er doch intuitiv sehen mußte, daß Schwarz verloren ist. Leider verzichtet Anand auf das klassische Läuferopfer, womit die angedeuteten, romantischen Zugfolgen hinter den Kulissen bleiben. New York muß weiter auf die erste Glanzpartie dieser Weltmeisterschaft warten. Nach dem Textzug kann Kasparow seinen Kopf wieder aus der Schlinge ziehen.

20. ...   dxc5
21. Lc4   Ld5

Auf 21. ... Sxc2? 22. f5 Ld7 23. Tad1 hat Weiß die Drohung 24. Txd7 zur Verfügung.

22. Sxd5   exd5
23. Lb3   c4

24. La4   Sc6

25. c3!

Ein korrektes Bauernopfer.
Nach 25. ... Sxa5 25. Lc2 Sb3
26. Tad1 Td8 27. Dh4 h6
28. Dh5 oder 26. ... De6 27. f5
wäre Weiß klar im Vorteil (Pachman).

Die Bulletinmacher verweisen
auf die Möglichkeit 25. Tae1!?
Sxa5 26. c3 nebst Lc2, und Weiß
hat Kompensation für den Bauern.

25. ...   fxe5

26. Sxe5   Sxe5

27. fxe5   De6

28. Lc2   Txf1

29. Txf1   Tf8

30. Txf8 +   lxf8

31. Df4   g6

32. Ld1   Df7

Nach 32. ... Lg7? 33. Lg4 Dxe5
34. Dxe5 Lxe5 35. Le6+ nebst
36. Lxd5 gewinnt Weiß einen
Bauern.

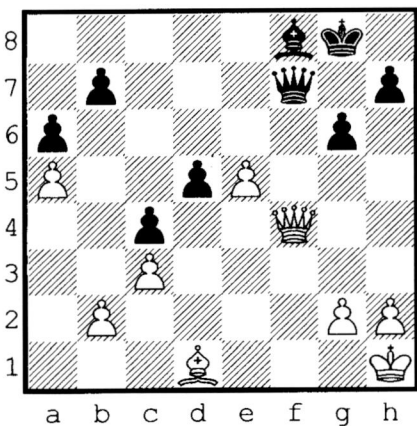

33. Dd4

Exakt gespielt. Nach 33. Dxf7 +

Kxf7 34. Lg4 Lc5 35. Lc8 b6
gingen die weißen Bauern am
Damenflügel verloren.

33. ...   Df1 +

34. Dg1   Dxg1 +

Oder 34. ... Df5 35. Lf3 Dxe5
36. Dd1.

35. Kxg1   Kf7

36. Lg4   b6

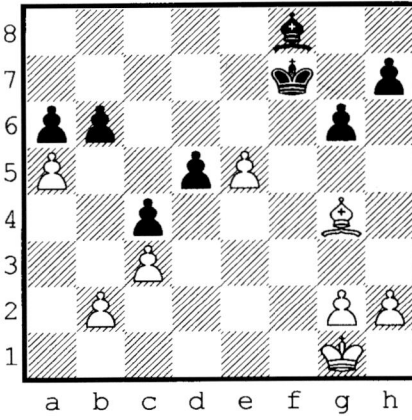

Auf 37. axb6 folgt 37. ... Lc5+,
deshalb

Remis.

Der weiße Stellungsvorteil ist
mikroskopisch. Im Endspiel mit
ungleichfarbigen Läufern reicht
er nicht zum Gewinn. Deshalb
unterbreitete der erleichterte
Kasparow das Remisangebot.

Stand: 1,5 : 1,5

Anand, der einen wichtigen halben Punkt vergeben hat, sagt
später: " Ich habe mein großes
positionelles Übergewicht
durch 20. Lxc5 eingebüßt.
Schwarz konnte danach das
Spiel ausgleichen."

Kasparow ergänzt: "Es sah gefährlich aus, und ich bin glück-

lich über das Remis. Das Match
ist hart. Unser Kampf wird
noch lange dauern."

Auf die Frage, ob er ein großes
Theater – Auditorium vermißt,
erwidert der Weltmeister an
diesem Abend: "Es gibt eine
größere Fernsehberichterstattung über dieses Match als je
zuvor. Wenn man eine weltweite Zuschauerkulisse hat, ist es
nicht wichtig, wieviel Leute in
diesem Theater sitzen."

4. Partie

16. September 1995

Zu wenig Farbe

Der Champion hat im Matchverlauf noch nicht den gewohnten Biß und Angriffselan gezeigt. Das liegt natürlich auch am bestens präparierten Gegner. Kann König Garri heute mit Weiß seinen Ruf aufpolieren? Er ist seiner Fan–Gemeinde bislang etwas schuldig geblieben. "Der Schach–Hexer spielt noch ohne Zauberstab", schreibt ein Wiener Kolumnist.

Die Erwartungen erfüllen sich nicht – das World Trade Center erlebt eine farblose Kurzpartie. Schon nach zwei Stunden erheben sich Kasparow und Anand aus ihren Sesseln und verlassen den engen Glaskäfig. Wer von ihnen will nicht mehr weiterkämpfen?

Kasparow – Anand

Englisch A17

1. Sf3	sf6
2. c4	e6
3. Sc3	

Der Weltmeister versucht es heute mit Englisch.

3. ...	**Lb4**
4. g3	

Kasparow hat hier auch schon 4. Dc2 und 4. d4 gespielt.

4. ...	**0–0**
5. Lg2	**d5**
6. Db3	

Weiß überläßt seinem Gegner das Zentrum und versucht, von den Flügeln aus Druck auf die feindliche Stellung auszuüben. Anand unternimmt einen Gegenstoß in der Brettmitte.

6. ...	**c5**
7. 0–0	**Sc6**
8. d3	**h6**
9. e3	**Te8**
10. a3	

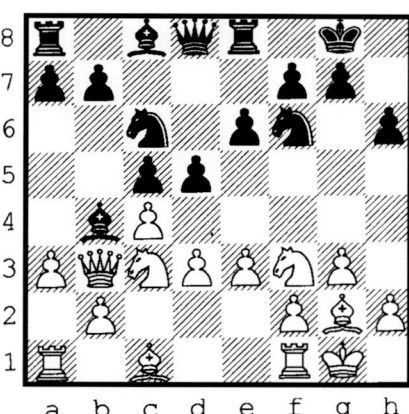

10. ...	**dxc4**

Schwarz findet die korrekte Antwort. Die Alternative 10. ... Lxc3 würde Weiß nach 11. Dxc3 dxc4 12. Dxc4 starken Druck einräumen. Auch nach 10. ... La5 11. Sa4 De7 12. Dc2 b6 13. cxd5 exd5 14. b4 behielte Kasparow die Oberhand.

11. dxc4	**Lxc3**
12. Dxc3	**e5**
13. b4	**e4**
14. Sd2	**De7**

Anand überdeckt die Felder c5 sowie e4 und läßt dem eigenen Läufer die Möglichkeit, ins Spiel zu kommen.

15. b5	**Se5**

Schwarz opfert einen Bauern. Aktive Figuren sind ihm wichtiger.

16. Sxe4

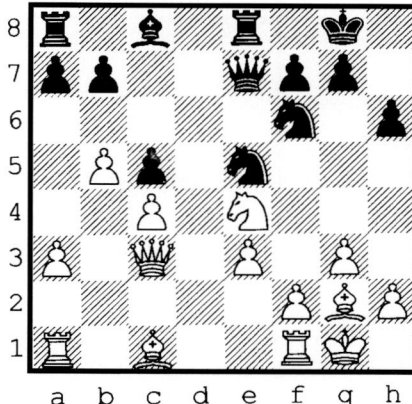

Mehr oder weniger erzwungen, weil 16. Lb2 Sd3 dem Nachziehenden leichtes Spiel verschafft.

16. ...	**Sf3+**

Der Zug verwundert etwas, ist aber nur ein kleiner Abtauschtrick.

17. Lxf3	**Sxe4**
18. Lxe4	**dxe4**
19. f3	

Kasparow muß die weißen Löcher stopfen. Sonst könnte sich Anands Läufer gefährlich auf f3 oder h3 einnisten.

19. ...	**De7**
20. e4	**Le6**

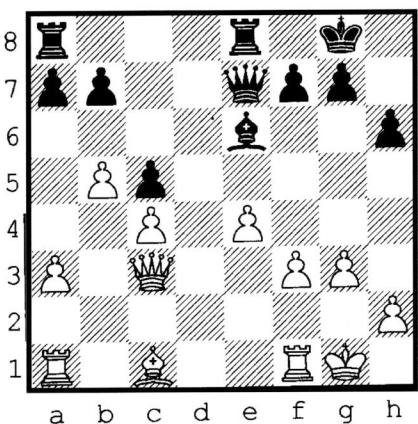

21. Le3

Weiß signalisiert mit diesem Zug, den Punkt teilen zu wollen. Schwarz könnte die Türme tauschen und dann nach f7−f6 und De7−f7 den weißen c−Bauern erobern.

Remis.

Stand: 2:2

Der Weltmeister bietet das Unentschieden an, obwohl er einen Mehrbauern besitzt. Dieser fällt bei ungleichfarbigen Läufern jedoch nicht so sehr ins Gewicht. Schwarz kontrolliert die weißen Felder, und sein Gegner kommt nicht weiter. Dennoch wird die Entscheidung Kasparows mit Kopfschütteln registriert. Viele Beobachter sind enttäuscht über das drucklose Spiel des Moskauers. Das Bulletin verweist auf die Fortsetzung 21. Lb2 f6 22. e5 fxe5, und nach 23. Tfe1 hätte Weiß Vorteil. Die beste Verteidigung für Schwarz ist deshalb 22. ... f5 23. Tfd1 Df7! (23. ... Td8 24. Td6!) 24. Tac1 f4 mit starkem Angriff.

Die erste WM−Woche von New York ist vorüber. In ihr hat der Herausforderer mehr Schwung gezeigt und die Akzente gesetzt, nicht der Titelverteidiger. Nach vier Partien im World Trade Center hoch über Manhattan steht es 2 : 2. Auf Grund der ausgelassenen Siegchance im dritten Spiel könnte Anand auch mit 2,5:1,5 in Führung liegen. Aber der Inder stellte in dieser komplizierten Partie die Vorsicht über das Risiko.

Der sonst so angriffslustige Champion vermochte es zweimal nicht, den Bonus der weißen Figuren zu nutzen. Etliche Großmeister wunderten sich, daß Kasparow zuletzt in vorteilhafter Stellung nicht weiterkämpfte. Im bislang kürzesten Duell wollte er am Ende keine Gewinnversuche mehr unternehmen.

Vishy Anand, der in New York für sein Spiel sehr gelobt wird, zeigt sich zufrieden mit dem bisherigen Verlauf der Weltmeisterschaft. Er ist noch in keiner Phase ernsthaft in Schwierigkeiten geraten. Die Chancen des Tigers aus Madras in seinem ersten Titelkampf steigen mit jeder Partie, die er nicht verliert.

Kasparow hingegen bleibt seinem Ruf als Schach−Virtuose bislang vieles schuldig. Bei seinem letzten WM−Match gegen Short war er mit 3,5 Punkten aus vier Partien gestartet. Sein aktueller WM−Gegner scheint aus anderem Holz geschnitzt

zu sein als der blasse Engländer, der es dem Russen vor zwei Jahren sehr leicht machte, seine Krone zu verteidigen.

In New York läßt die große Show von König Garri noch auf sich warten. Seine eher zaghafte Vorstellung unter der Glasglokke in Etage 107 des World Trade Centers kratzt am Image und am Marktwert des Schachs, das Kasparow ähnlich wie Tennis oder Golf verkaufen möchte − vor allem im Fernsehen.

Die TV−Präsenz beim Schach−Duell in den Wolken ist gegenüber 1993 erheblich gestiegen. Bewegte WM−Bilder werden weltweit (in unseren Breiten über Eurosport, den WDR und 3sat) angeboten. Bis in den letzten Winkel der Erde sind die beiden Denker von ihrem Wolken−Kuckucks−Heim aus auch mit unzähligen Schachfreaks vernetzt. Computerbesitzer können über Internet jeden Zug live abrufen. Im Wolkenkratzer selbst ist es auf Grund der räumlichen Gegebenheiten viel schwerer, allen Bewegungen der Spieler und ihrer Figuren zu folgen.

5. Partie

18. September 1995

Marathon ist kein Sprint

Wie haben beide Spieler das freie Wochenende genutzt? Wer hat eine überraschende Eröffnungsvariante ausgebrütet? Bekommt die Schachwelt jetzt mehr Feuerwerk zu sehen?

Nach Kasparows großen Worten zur WM–Eröffnung vor acht Tagen und der weltweiten Fernsehresonanz fehlen noch einige geniale Einfälle am Brett, um das Spektakel zu dem werden zu lassen, was es sein soll – eine Werbung für das Schach der Zukunft. Das Brett steht jedoch auch heute, beim dritten Sizilianer, nicht in Flammen.

Anand – Kasparow
Sizilianisch B85

1. e4	c5
2. Sf3	d6
3. d4	cxd4
4. Sxd4	Sf6
5. Sc3	a6
6. Le2	e6
7. 0–0	Le7
8. a4	Sc6
9. Le3	0–0
10. f4	Dc7
11. Kh1	Te8
12. Ld3	Sb4
13. a5	Ld7
14. Sf3	

Anand folgt bisher seinem bewährten Aufbau, mit dem er in der dritten Partie eine sehr gute Stellung erhielt. Kasparow ist es, der jetzt als erster abweicht. Er hat seine Gründe dafür. Der Textzug besitzt den Vorteil, daß der Turm nach 15. Lb6 Db8 nicht auf a8 eingesperrt bleibt.

14. ...   Tac8

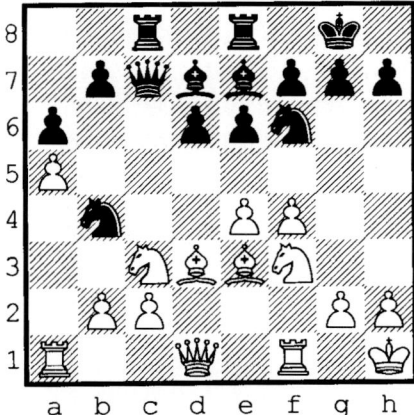

Damit stellt Schwarz dem Gegner mehr Probleme als mit 14. ... Lc6. Der Läuferzug wird nur verschoben.

15. De2   Lc6
16. Lb6

Man spürt, daß Vishy noch immer seiner häuslichen Vorbereitung folgt. Für den letzten Zug benötigt er nur vier Minuten. Kasparow erklärt später Anands Eröffnungsstrategie: "Das weiße Spiel basiert auf der Isolierung der schwarzen Dame."

16. ...   Db8
17. Sd4

Dieser natürliche Zug ist wohl der beste, obwohl Weiß drei gute Alternativen hatte:

1) 17. Sg5 (droht e5, verliert jedoch Zeit) 17. ... h6 18. Sxf7?! Kxf7 19. e5 Sfd5 20. Lh7! sieht sehr stark für Weiß aus, aber 18. ... Sxd3! wendet das Blatt.

2) 17. Tad1 mit der Absicht 17. ... Ld8 18. Ld4.

3) 17. Ld4 (verhindert d5 und Lf8) 17. ... Dc7!, und Weiß kommt nicht weiter.

Kasparow machte in der nachträglichen Analyse die interessante Bemerkung, daß Schwarz es in dieser Stellung auf Grund seiner wenigen Möglichkeiten leichter, Weiß dagegen die Qual der Wahl hat.

17. ...   Sxd3

Schwarz verschärft den Kampf und bereitet einen Gegenanschlag im Zentrum vor.

18. cxd3   d5
19. Df3

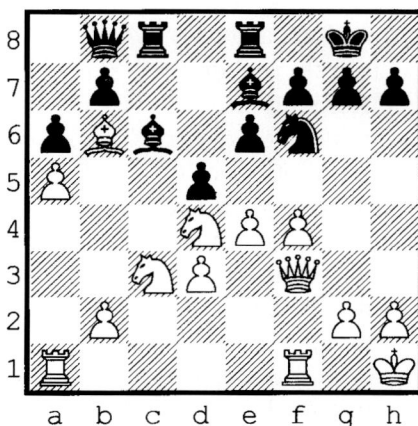

Anand überlegt an diesem Zug 36 Minuten. Das Spiel verflacht jetzt etwas. Kasparow und einige andere Großmeister kritisieren den Zug. Alternativen zu dem verpflichtenden 19. e5 sind jedoch nicht leicht zu finden.

19. ...	Sd7
20. Sxc6	bxc6
21. Sa4	Dd6

Nach 21. ... Ld8 22. f5 hat Weiß starken Königsangriff (Kasparow). Mit dem Textzug kann Schwarz endlich seine Dame aktivieren.

22. De3	Db4
23. Tfc1	c5
24. Df3	Sf6
25. Sc3	Ld8
26. exd5	exd5
27. Sxd5	Sxd5

Anand hat auch diesmal sein Minimalziel erreicht und nicht verloren. Scheinbar spielerisch leicht und voller Selbstvertrauen führt er seit Beginn des WM–Kampfes seine Züge aus. Er hat die underdog–Rolle längst abgelegt. Muß der sieggewohnte Champion nicht langsam nervös werden?

Stand: 2,5 : 2,5

Kasparow räumt nach der Partie ein, daß es wahrlich nicht leicht sei, gegen den Herausforderer zu gewinnen. Der kritische Zug ist nach seinen Worten 18. ... d5 gewesen, der Anand dazu animieren sollte, den Vorstoß e5 aus der dritten Partie zu wiederholen. Das hätte ihn zum Königsangriff verpflichtet, der in dieser Stellung nicht mehr gerechtfertigt war. "Nach 19. Df3 stand ich sogar etwas besser, aber nicht auf Gewinn", sagt Kasparow und fügt noch hinzu, man solle von einzelnen Partien nicht auf den Verlauf des ganzen Matchs schließen. "Das hier ist ein Marathon und kein 100–Meter–Sprint. Wir haben erst ein Viertel unseres Weges zurückgelegt. Der Kampf um die Schachkrone dauert noch lange." Anand ergänzt: "Kasparow hat am Wochenende ein neues Konzept gefunden, mit dem der weiße Vorteil neutralisiert wird. Ich mußte einige vorsichtige Züge machen."

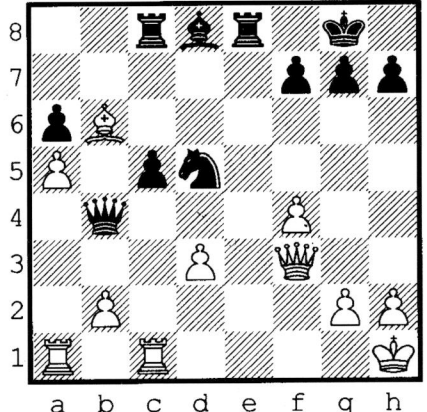

Remis.

Nach 28. Dxd5 Lxb6 29. axb6 Dxb6 30. Dc4 ist die Stellung völlig gleich.

6. Partie

19. September 1995
Der Offene Spanier

Kasparow – Anand

Spanisch C 80

1. e4	e5
2. Sf3	Sc6
3. Lb5	a6
4. La4	Sf6
5. 0–0	Sxe4

Zum ersten Mal im Match kommt der Offene Spanier aufs Brett.

6. d4	b5
7. Lb3	d5
8. dxe5	Le6
9. Sbd2	Sc5
10. c3	d4
11. Sg5	dxc3

In der Partie Anand – Sokolov, Lyon 1994, hatte Schwarz hier Erfolg mit der Fortsetzung 11. ... Ld5. Das Spiel des bosnischen Großmeisters wurde aber bisher nicht wiederholt. Weiß erhält das bessere Endspiel nach 11. ... Dxg5 12. Df3 0–0–0 (12. ... Kd7 13. Ld5) 13. Lxe6 fxe6 14. Dxc6 Dxe5 15. b4 Dd5 16. Dxd5 exd5 17. bxc5 dxc3 18. Sb3.

12. Sxe6	fxe6
13. bxc3	Dd3

Der frühere WM – Kandidat Artur Jussupow, Anands Sekun-

dant, ist einer der weltweit führenden Experten des Offenen Spaniers. In der Begegnung Sideif – Sade – Jussupow, Frunse 1979, wurde 13. ... Sxb3 14. axb3 Dd3 gespielt.

14. Sf3

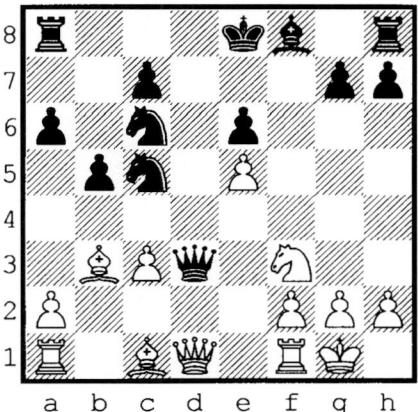

14. ...   0–0–0 N

Eine theoretische Neuerung. In der Partie Karpow – Kortschnoi (Baguio City 1978) geschah 14. ... Dxd1 15. Lxd1 Le7 16. Le3 Sd3 17. Lb3 Kf7 18. Tad1 Sdxe5 19. Sxe5 Sxe5+ 20. Lf4, und Weiß hatte das bessere Endspiel. Die Partie endete aber nach 44 Zügen remis.

Im Match – Bulletin von New York werden täglich ergänzende Partien zur jeweils gespielten Variante veröffentlicht. Darunter die von Jussupow aus dem Jahre 1979 sowie eine von Anands anderem Sekundanten Patrick Wolff von 1992 und die eben erwähnte Begegnung zwischen Karpow und Kortschnoi aus ihrem WM – Kampf auf den Philippinen. Bemerkenswert ist, daß 17 Jahre später bei einer

Weltmeisterschaft wieder das gleiche Abspiel aufs Brett kommt.

15. De1	Sxb3
16. axb3	Kb7
17. Le3	

Nach 20 minütigem Überlegen gespielt. Die andere Möglichkeite war 17. Lg5. Nach 17. ... Td5 hatte Weiß die Wahl zwischen dem spektakulären 18. c4!? und dem etwas merkwürdig aussehenden 18. b4. Letzteres verwehrt dem schwarzen Läufer das Feld c5. Eine mögliche Variante ist 18. b4 h6 19. Le3 g5 20. Ta2 nebst Td2 und Da1.

17. ...	Le7
18. Lg5	

Wiederum kommt 18. b4 in Betracht.

18. ...	h6

Zur Pressekonferenz verweist Anand auf 18. ... The8 mit leichtem Vorteil für Weiß.

19. Lxe7	Sxe7
20. Sd4	

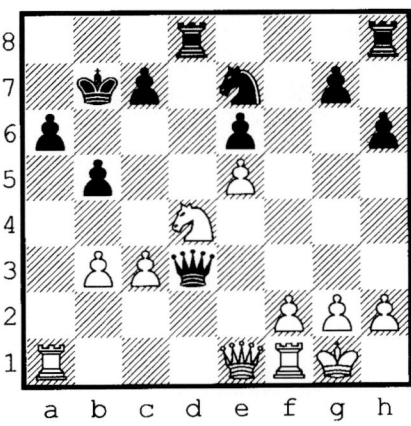

20. ...	Txd4

Der Herausforderer hat dies bereits etliche Züge vorausgesehen.

21. cxd4   Dxb3
22. De3

Eine schwierige Entscheidung. Sie kostet dem Champion 25 Minuten. Für die Analyse von 22. Dc1 bringen auch die Großmeister im Pressezentrum viel Zeit auf. Eine mögliche Fortsetzung danach ist 22. ... Ta8 (Weiß droht Txa6 nebst Dxc7) 23. Ta3 Db4 24. Tc3 Sd5 25. Tc6 Dxd4 26. Txe6 Sc3 27. Kh1 a5, und Schwarz hat keine Probleme.

22. ...   Dxe3
23. fxe3   Sd5
24. Kf2   Kb6
25. Ke2   a5
26. Tf7   a4
27. Kd2

Anand äußert hinterher leichtes Erstaunen über diesen Zug. Er hätte das sofortige 27. e4 bevorzugt, zum Beispiel mit der Folge 27. ... Sb4 28. Te7 Sc2 29. Txe6+ Kb7 (29. ... Ka5 30. Td1 nebst Tc6) 30. Td1 a3 31. d5 a2 32. Kd3 a1D 33. Txa1 Sxa1 34. Kc3. Vishy sieht, daß für ihn in der Endstellung mit dem schwarzen Springer in der Ecke und dem sturmbereiten weißen e–Bauern nicht mehr als ein Remis möglich ist.

27. ...   c5

Eine andere Variante ist das vom Internationalen Meister Witali Saltzman gezeigte 28. ... Td8, um e4 zu verhindern, be-

vor Schwarz am Damenflügel aktiv wird. 29. Txg7 c5 30. Tg6 nebst 30. ... Sc7 führt zu einem interessanten Spiel.

28. e4

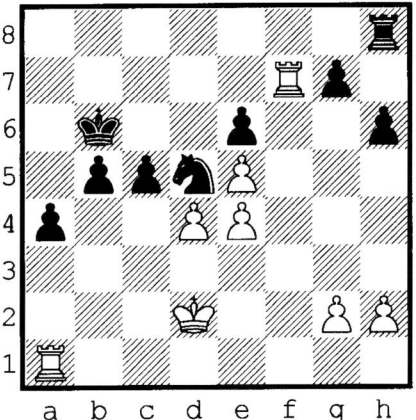

Remis.

Ein enttäuschender Partieausgang für die Zuschauer, der aber unter diesen Umständen verständlich ist. Die beiden Spieler haben für die letzten Züge nur etwas mehr als 30 Minuten auf ihrer Uhr, und die Stellung ist sehr verwickelt. Anand räumt nach der Partie ein, daß in ihr keiner die Lösung des Stellungsproblems fand.

Eine von den Kommentatoren favorisierte Fortsetzung war 28. e4 Sb4 29. dxc5+ (um 29. Te7 zu verhindern, was gut für Weiß ist, kam 28. ... Sc7 in Frage) 29. ... Kc6 (29. ... Kxc5? 30. Td7) 30. Te7 Td8+ 31. Kc3 Kxc5 32. Tc7+ Kb6 33. Kxb4 Kxc7 34. Kxb5 Tb8+ oder 34. ... Sc6, und Schwarz hat offensichtlich die besseren Chancen.

Stand: 3 : 3

7. Partie

21. September 1995

Schattenboxen im Glashaus

Sie sitzen im Glashaus, und keiner warf bisher den ersten Stein. In ihren Anzügen sehen die beiden WM–Finalisten aus wie Börsenbroker von der Wallstreet. Jeder spekuliert auf einen Fehler des anderen, und die Schachwelt wartet weiter auf das erste Tor im Match.

Viel Prominenz verfolgt heute das Spiel. Anands Eltern und die Mutter Kasparows sitzen wie immer in der ersten Reihe. Im Pressezentrum sehe ich den 85jährigen Miguel Najdorf. Der älteste Großmeister der Welt ist

seit gestern hier. Er hat sich nicht nehmen lassen, für einige Tage nach New York zu kommen. Auch zwei Polgar–Schwestern genießen die Aussicht über Manhattan und den Blick auf das Schachbrett von Garri und Vishy. Zsuzsa, die älteste, lebt seit einigen Monaten in New York, wohin sie geheiratet hat. Sie wartet auf eine Nachricht von der FIDE, wo und wann ihr eigenes WM–Match gegen die Chinesin Xie Jun stattfinden wird. Die verlängerte Frist für die Bewerberstädte läuft heute ab.

Anand – Kasparow
Sizilianisch B85

1. e4	c5
2. Sf3	d6
3. d4	cxd4
4. Sxd4	Sf6
5. Sc3	a6
6. Le2	

Anand wählt wieder das ruhigste Abspiel von Weiß gegen das Najdorf–System. Vor dem Match experimentierte er mit den Zügen 6. a4, 6. Lc4 und 6. Le3. Interessant ist, daß der Herausforderer noch nie das scharfe 6. Lg5 gezogen hat.

6. ...	e6

Kasparow wechselt erneut in sein Scheveninger System.

7. 0–0	Le7
8. a4	Sc6
9. Le3	0–0
10. f4	Dc7
11. Kh1	Te8
12. Ld3	Sb4
13. a5	Ld7
14. Sf3	Tac8
15. Lb6	

Ein Verbesserung gegenüber der 5. Partie, wo 15. De2 Lc6 16. Lb6 geschah.

15. ...	Db8

Kasparows Reaktion nach 16. e5

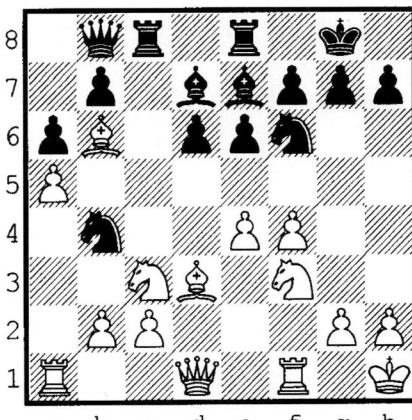

16. e5

Weiß spielt diesen zweischneidigen Vorstoß a tempo. Er ist am Ruhetag von Anands Team analysiert worden. Auf dem Monitor sieht man, wie Kasparow zusammenzuckt. Dann aber antwortet er verhältnismäßig schnell. Nach der Partie kritisiert der Weltmeister den Zug mit den Worten: "Es macht wahrhaftig keinen Sinn, die Stellung zu öffnen, wenn man dafür nichts Konkretes erhält." Robert Byrne stimmt Kasparows Einschätzung zu und formuliert in der "New York Times": "16. e5 und die nachfolgenden Abtauschoperationen führen zwar zur halboffenen f–Linie, die Weiß zum Angriff nutzen könnte, aber im Endspiel neigt der e–Bauer zur Schwäche."

16. ...   dxe5
17. fxe5   Sfd5
18. Sxd5   exd5

Ein guter Zug, der den schwarzen Figuren die nötige Luft verschafft. Er ist die beste Fortsetzung, weil nach 18. ... Sxd5 die starke Antwort 19. Sg5 Lxg5 20. Dh5 Lh6 21. Dxf7+ und 22. Dxd7 erfolgt.

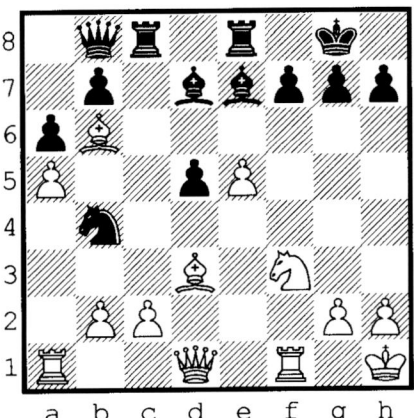

19. Te1

Weiß will den Gegner zu 19. ... Le6 und damit in eine passive Lage zwingen. Der Weltmeister plant ein interessantes Bauernopfer, um sich vom Druck zu befreien. Nach 19. Te1 Sxd3 könnte Anand mit 20. Dxd3 antworten, ohne den Zug 20. ... Lb5 befürchten zu müssen.

Zwei Alternativen zum Partiezug sind:

1) 19. Dd2 Sxd3 20. cxd3 h6 21. Tae1.

2) 19. Tf2 mit der Idee Taf1.

19. ...   h6

Kasparow erläutert nachher diese gute Idee von Schwarz:

"Normalerweise tauscht Weiß hier die schwarzfeldrigen Läufer, aber diese Stellung ist eine Ausnahme. Schwarz möchte jetzt das Spiel vereinfachen und bis auf seinen weißfeldrigen Läufer gegen den feindlichen Springer alles abtauschen. Dies ergibt sich aus der besonderen Situation mit dem schwachen a– und e–Bauern von Weiß."

Das sofortige 19. ... Ld8? würde durch 20. Lxd8 nebst 21. Sg5 widerlegt.

20. c3   Sxd3
21. Dxd3   Lc5

Mit diesem zeitweiligen Bauernopfer löst Schwarz alle seine Probleme. "Bravo!", sagt der große Sizilianisch–Experte Miguel Najdorf im Pressezentrum. Es ist nach seiner Ansicht der einzig korrekte Zug, um Anands schwarzfeldrigen Läufer, der viele Schlüsselfelder beherrscht, zu tauschen.

22. Dxd5   Le6

Das natürlich aussehende 22. ... Lc6 würde nur dazu führen, daß Schwarz nach 23. Dxc5 Lxf3 24. Df2 um Remis kämpfen muß.

23. Dd2

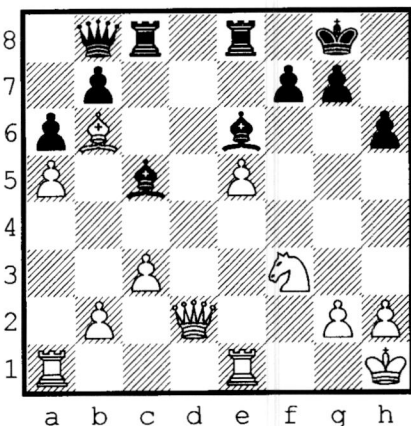

Das Damenopfer 23. Dxc5 scheitert an 23. ... Txc5 24. Lxc5 Ld5! 25. Ld6 Dc8 26. Sd4 Dg4 27. Te2 f6.

23. ...   Lxb6
24. axb6   Tc6
25. Ta4

Kasparow lobt diesen Zug, mit dem Weiß seinen Turm wirkungsvoll ins Spiel bringt.

26. ...   **Txb6**

Remis

auf Vorschlag von Schwarz. Anand würde mit dem nächsten Zug 26. Td4 die d–Linie in Besitz nehmen.

In der Pressekonferenz sagt Garri Kasparow: "Ich verstehe die Enttäuschung der Zuschauer, aber jeder Fehler kann der entscheidende sein. Mit jeder Partie steigt die Spannung. Ich habe nicht die Absicht, alle zu remisieren."

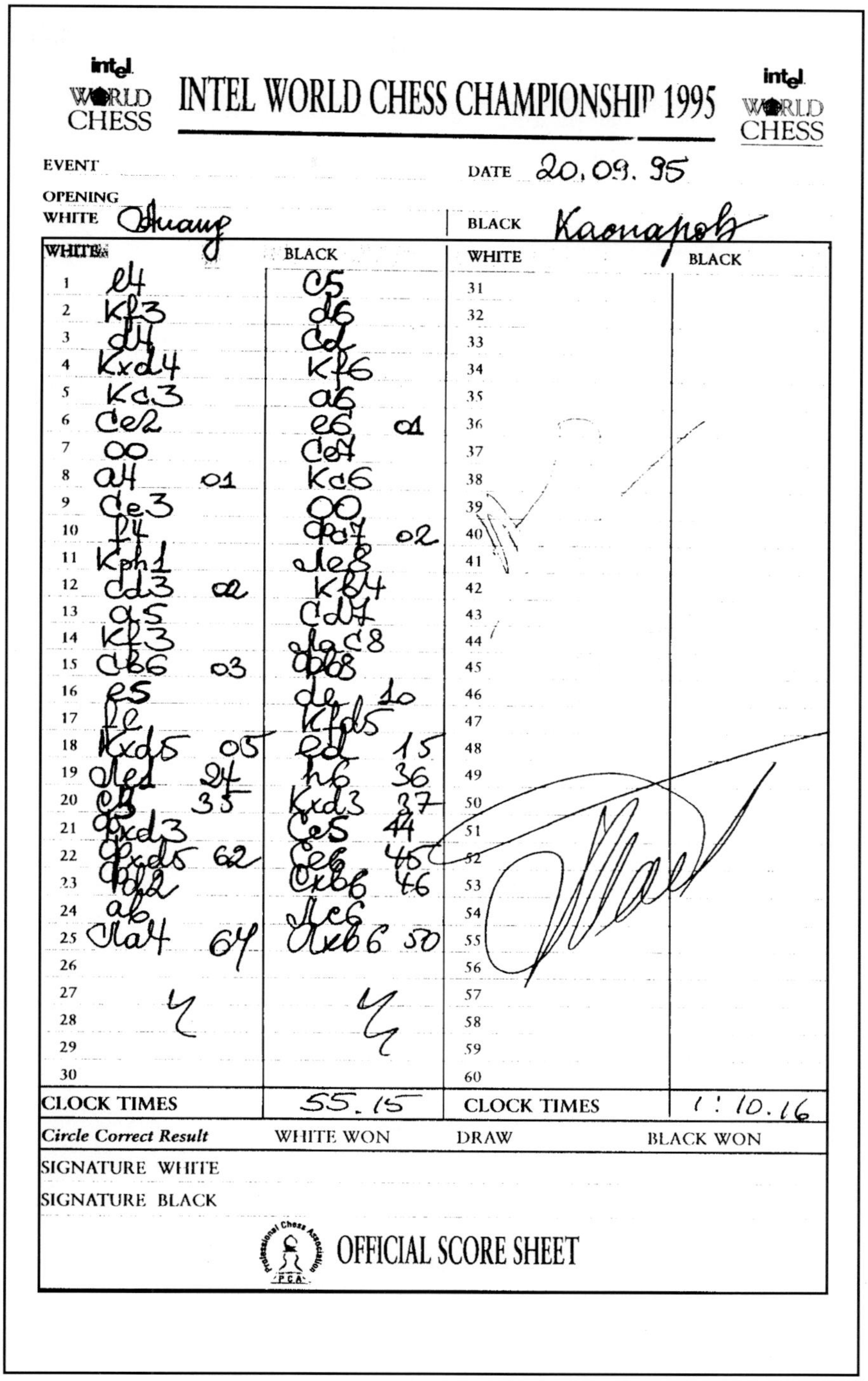

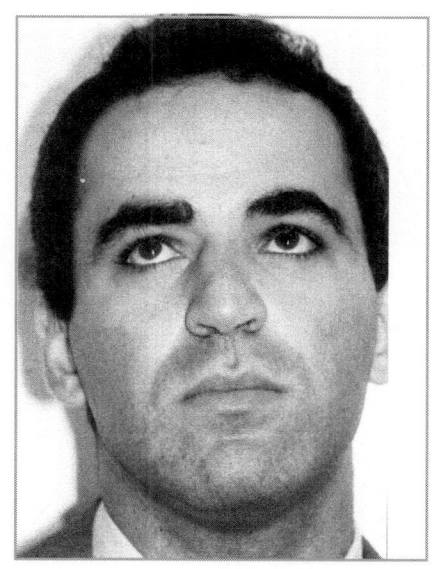

INTEL WORLD CHESS CHAMPIONSHIP 1995

OFFICIAL SCORE SHEET

Kasparows Notation der 8. Partie vom 22.9.1995. Der Irrtum im Datum.

Zsuzsa Polgar lebt jetzt in New York.

Presseraum: Der Autor sieht "Don Miguel" bei der Analyse zu.

8. Partie

22. September 1995

Zwei Schotten in New York

Der achte Spieltag des Schach-
duells um die Krone im Top of
the World bringt das achte Remis zwischen Titelverteidiger
und Herausforderer. Die beiden
geizen bislang nicht nur mit
dem ersten Sieg, auch in der Eröffnungswahl verhalten sie sich
heute schottisch. Garri wählt
zum ersten Mal im Match diesen Partieanfang, mit dem er in
früheren Wettkämpfen schon
große Erfolge feierte, darunter
gegen seinen Erzrivalen Anatoli
Karpow. Zum Partiebeginn gibt
es einen netten Zwischenfall.
Anand will wieder auf der lin-
ken Brettseite Platz nehmen,
wo er am Vortage schon saß.
Kasparow macht ihn lächelnd
darauf aufmerksam, daß er es
ist, der an diesem Tag das Auf-
schlagsrecht hat.

Bei Nieselregen ist ganz Manhattan in Nebel gehüllt, so daß
sich die Besucher der Aussichtsplattform voll dem
Schachgeschehen widmen können. Obwohl insgesamt nur 22
Züge absolviert werden, sehen
sie eine abwechslungsreiche
Partie, in der Anand mit der Eröffnung des Champions gut zu-
rechtkommt. Er überrascht sogar mit zwei Neuerungen.

Kasparow – Anand
Schottisch C45

1. e4	e5
2. Sf3	Sc6
3. d4	

In seiner vierten Weißpartie probiert Kasparow schon die vierte
Eröffnung. Seine Erfolge mit
Schottisch sind beachtlich: aus
9 Partien holte er bislang fünf
Siege und vier Remis. Der letzte
spektakuläre Gewinn erfolgte
1991 in Tilburg gegen Karpow.
Im WM–Match der beiden
Dauerrivalen vor fünf Jahren
hatte Garri die gute alte Eröffnung wieder ausgegraben und
ihr neue Ideen eingehaucht.

3. ...	exd4
4. Sxd4	Sf6
5. Sxc6	bxc6
6. e5	De7
7. De2	

Nach dieser Zugfolge lautet die
Frage, welche der beiden Da-
men ungünstiger plaziert ist
(Byrne).

7. ...	Sd5
8. c4	La6
9. b3	g5!? (N)

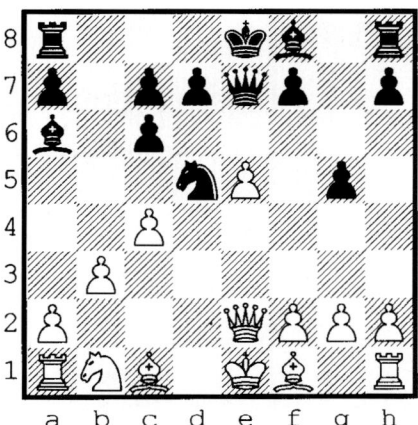

Ein ungewöhnlicher Zug des
Herausforderers. Links neben
dem Glashaus erläutern wieder
namhafte Schachspieler einem
großen Auditorium das Geschehen am Computer und Demon-
strationsbrett. US–Moderator
Maurice Ashley ist außer sich.
"Danny", sagt er zu seinem
Co–Kommentator, dem englischen Großmeister King, "ich
muß Dich unterbrechen. Hast
du so etwas schon gesehen? Ich
glaube es einfach nicht!"

Der Bauernvorstoß zeigt, daß
Anand in diesem Match auf
Schottisch sehr gut vorbereitet
ist. Bekannt waren bislang 9. ...
Dh4, 9. ... g6 und 9. ... 0–0–0,
was Karpow früher gegen Kasparow spielte.

10. La3	d6
11. exd6	Dxe2+
12. Lxe2	Lg7
13. cxd5	Lxe2
14. Kxe2	Lxa1
15. Tc1	

INTEL WORLD CHESS CHAMPIONSHIP 1995

intel WORLD CHESS   intel WORLD CHESS

EVENT   DATE 22 – 9 – 95

OPENING

WHITE   G. Kasparov   BLACK   V. Anand

#	WHITE	BLACK	#	WHITE	BLACK
1	e4	e5	31		
2	Nf3	Nc6	32		
3	d4	ed4	33		
4	Nd4	Nf6	34		
5	Nc6	bc6	35		
6	e5	Qe7	36		
7	Qe2	Nd5	37		
8	c4	Ba6	38		
9	b3	g5	39		
10	Ba3	d6	40		
11	ed6	Qe2+	41		
12	Be2	Bg7	42		
13	cd5	Be2	43		
14	Ke2	Ba1	44		
15	Rc1	0-0-0	45		
16	Rc6	Rhe8+	46		
17	Kd3	Rd7	47		
18	Nc3	Bc3	48		
19	Kc3	Re5	49		
20	Kc4	Re4+	50		
21	Kd3	Re5	51		
22	Kc4	Re4+	52		
23			53		
24	½	½	54		
25			55		
26	½	½	56		
27			57		
28			58		
29			59		
30			60		

CLOCK TIMES	34:36	CLOCK TIMES	39:13

Circle Correct Result	WHITE WON	DRAW	BLACK WON

SIGNATURE WHITE

SIGNATURE BLACK

OFFICIAL SCORE SHEET

Anands Notation

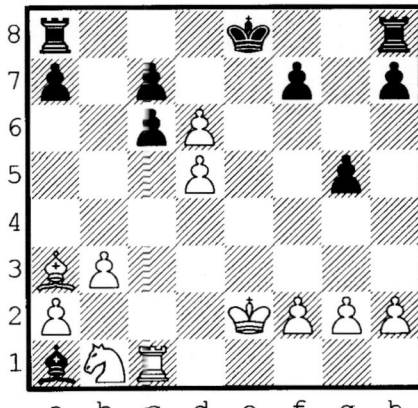

8 | ♜ | | | ♚ | | | ♜
7 | ♟ | | ♟ | | ♟ | | ♟
6 | | | ♟ | ♙ | | | |
5 | | | ♙ | | | ♟ |
4 | ♗ | | | | | | |
3 | ♗ | ♙ | | | | |
2 | ♙ | | | ♔ | ♙ | ♙ | ♙
1 | ♝ | ♘ | ♜ | | | |
    a   b   c   d   e   f   g   h

15. ...   **0–0–0–!? (N)**

Bei diesem interessanten Zug stößt Miguel Najdorf im Pressezentrum erneut einen Schrei der Begeisterung aus. "Wonderful", ruft der temperamentvolle Schach–Oldie aus Buenos Aires. Sein amerikanischer Großmeisterkollege Paul Benkö aus New Jersey, der ihm gegenübersitzt, nickt bewundernd mit dem Kopf.

Mit der zweiten spektakulären Neuerung in dieser Partie verbindet Anand Verteidigung und Gegenangriff auf harmonische Weise.

16. Txc6   **The8+**
17. Kd3   **Td7**
18. Sc3

Kasparow nimmt sich für diesen Zug 40 Minuten Zeit. Mit dem Tausch der Leichtfiguren wird der kleine Vorteil von Schwarz neutralisiert, den verschiedene Großmeister Anand nach seinem schönen Zug 15. ... 0–0–0 attestiert hatten.

Schwarz muß jetzt den weißen Springer auf c3 schlagen. Die

Fortsetzung 18. ... Te5? 19. Sb5! Txd5+ 20. Kc4 Td2 21. dxc7 ist wegen der Doppeldrohung Sd6+ und Sxa7+ zu gefährlich.

18. ...   **Lxc3**
19. Kxc3   **Te5**

Ausgleich ergibt 19. ... Kb7 20. dxc7 Txc7 21. Txc7+ Kxc7 22. Lc5 a6 23. a4 (Kasparow).

20. Kc4

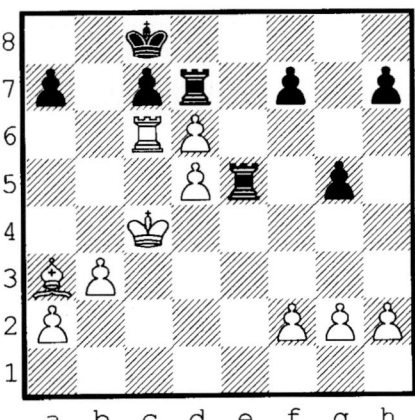

8 | | | | ♚ | | | |
7 | ♟ | | ♟ | ♜ | | ♟ | ♟
6 | | | ♖ | ♙ | | | |
5 | | | | ♙ | ♜ | | ♟ |
4 | | | ♔ | | | | |
3 | ♗ | ♙ | | | | |
2 | ♙ | | | | ♙ | ♙ | ♙
1 | | | | | | | |
    a   b   c   d   e   f   g   h

20. ...   **Te4+**

Anand verzichtet auf 20. ...Te2, denn nach 21. Lc5 Txa2 22. b4 gleicht Kasparow mit Läufer und Mehrbauer das Qualitäts–Übergewicht von Schwarz mehr als aus. Der Herausforderer verweist darauf, daß er in dieser Variante nach 22. ... Kb7 23. dxc7 Txc7 24. Tf6 nebst 25. d6 nicht gewinnen kann, da Weiß aktives Spiel erhält.

21. Kd3   **Te5**
22. Kc4   **Te4+**
Remis

nach einer sehr interessanten Partie. In ihrem Verlauf konnte wie in den bisherigen Spielen keiner den siegbringenden Vorteil herausholen.

Stand: 4 : 4

Die Pressekonferenz sieht einen relaxten Anand, der mit sich und dem bisherigen Wettkampfverlauf zufrieden sein kann. Während er noch die Fragen der Journalisten beantwortet, stehen seine stolzen Eltern an der Tür und warten.

Pressekonferenz nach dem Sieg

Anands Notation der 9. Partie

	INTEL WORLD CHESS CHAMPIONSHIP 1995	

EVENT #9   DATE 9/25/95

OPENING

WHITE ANAND   BLACK KASPAROV

	WHITE		BLACK			WHITE		BLACK	
1	e4		c5		31	Qd7	24.49	Rg5	38.43
2	Nf3		d6		32	Rg1	24.03	ef3	24.01
3	d4		cd4		33	d6	22.31	Rg3	21.58
4	Nd4		Nf6		34	Qb7	21.40	Qe6	21.32
5	Nc3		a6		35	Kh2	19.13		
6	Be2		e6		36				
7	O-O	1:59.15	Be7	1:57.23	37				
8	a4		Nc6		38				
9	Be3	59.07	O-O	57.01	39				
10	f4	58.51	Qc7	57.05	40				
11	Kh1		Re8	57.01 att					
OUT 12	Bf3	58.40	Bd7	51.54 out					
13	Nb3	56.32	Na5	51.15 out					
14	Na5	52.35	Qa5	51.08	44				
OUT 15	Qd3	52.26	Rad8	43.36 out					
16	Rfd1	27.11	Bc6	26.59	46				
17	b4	14.04	Qc7	26.30 out					
OUT 18	b5	14.01	Bd7	24.14 out					
19	Rab1	1:10.06	ab5	14.55 out					
20	Nb5	48.30	Bb5	9.12 out					
21	Qb5	45.56	Ra8	1:06.00 out					
22	c4	39.49	e5	5.00 out					
23	Bb6	39.16	Qc8	4.19 out					
24	fe5	38.02	de5	1:04.10	54				
OUT 25	a5	37.58	Bf8	54.59	55				
26	h3	37.17	Qe6	53.26 out					
27	Rd5	33.37	Nd5	46.41	57				
28	ed5	33.30	Qg6	45.47 out					
OUT 29	c5	31.35	e4	39.45	59				
30	Be2	30.40	Re5	39.12 out					

CLOCK TIMES   19.16   CLOCK TIMES   20,01

Circle Correct Result   WHITE WON   DRAW   BLACK WON

SIGNATURE WHITE

SIGNATURE BLACK

OFFICIAL SCORE SHEET

9. Partie

25. September 1995

Erste Beute des Tigers

Geht das Schattenboxen von Kasparow und Anand zu Beginn der neuen Woche weiter? Einen Rekord haben die beiden schon gebrochen. Bei der WM 1978 in Bagujo auf den Philippinen spielten Karpow und Kortschnoi am Anfang siebenmal remis, ehe der Titelverteidiger das achte Spiel und später das Match gewann.

Auch das Duell in den Wolken über New York braucht einen Sieger. Wer kann den ersten K.o.–Schlag anbringen?

Anand – Kasparow

Sizilianisch B85

1. e4	c5
2. Sf3	d6
3. d4	cxd4
4. Sxd4	Sf6
5. Sc3	a6
6. Le2	e6
7. 0–0	Le7
8. a4	Sc6
9. Le3	0–0
10. f4	Dc7
11. Kh1	Te8

Zum fünften Mal im Match wird diese Stellung erreicht. Beide WM–Finalisten sind damit bestens vertraut und spielen in Minutenschnelle.

12. Lf3

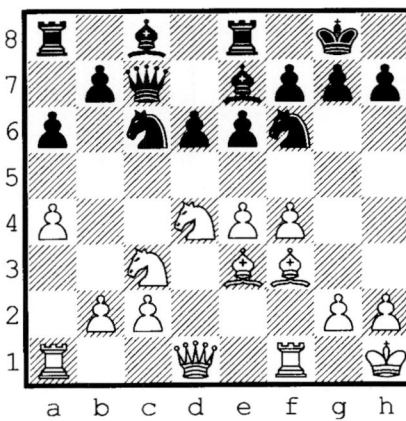

Endlich etwas Neues. Im ersten Spiel zog Anand 12. Dd2, in Partie 3, 5 und 7 geschah 12. Ld3.

12. ...	Ld7
13. Sb3	Sa5
14. Sxa5	Dxa5
15. Dd3	Tad8
16. Tfd1	

In der Partie van der Wiel – Kasparow (Amsterdam 1988) folgte 16. Dd2 Tc8 17. e5 dxe5 18. fxe5 Dxe5 19. Lxb7 Tcd8, und Schwarz gewann im 44. Zug.

16. ...	Lc6
17. b4!	Dc7

Kasparow hat den starken Zug von Weiß unterschätzt. Wenn er den Bauern verspeist, gewinnt Anand nach 17. ... Dxb4

18. Tdb1 Da5 19. Lb6 die Dame.

18. b5	Ld7

Schwarz konnte auch gleich auf b5 nehmen: 18. ... axb5 19. axb5 Ld7 20. Sa4.

19. Tab1 (N)

Anand präsentiert eine Weltneuhe¨.

19. ...	axb5

Kasparow öffnet das Spiel. Besser war 19. ... Tc8 (R. Byrne).

20. Sxb5	Lxb5

Eine schwierige Entscheidung, aber wohl das Beste. Nach dem Textzug behält Weiß das Läuferpaar und Raumvorteil.

Die Alternative für Schwarz bestand in 20. ... Da5?! und großen Komplikationen. Anand gibt nach der Partie folgende Fortsetzung an: 21. Sxd6 Lxa4 22. Lb6 Txd6 23. Lxa5 Txd3 24. cxd3 Lxd1 25. Txd1 mit günstigerem Endspiel für Weiß.

21. Dxb5	Ta8
22. c4 e5	e5

Ein notwendiger Zug, um die Stellung geschlossen zu halten. Anderenfalls drohte Weiß selbst mit 23. e5!

23. Lb6	Dc8
24. fxe5	dxe5
25. a5	Lf8

Schwarz plant den Zug De6. Das sofortige 25. ... De6 erlaubt Weiß 26. Lc7 mit Doppelangriff auf die Bauern b7 und e5.

26. h3 De6 De6

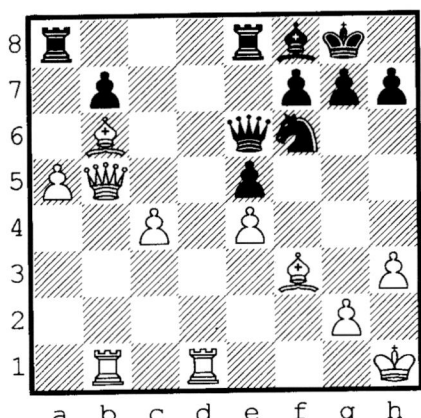

27. Td5!

Anand bietet ein Qualitätsopfer an. Der starke Zug fesselt Schwarz an die Verteidigung des Bauern e5 und bereitet Tbd1 vor.

27. ...   Sxd5?!

Mußte Kasparow das "Geschenk" annehmen? Die Meinungen gehen auseinander. Man weiß, daß der Weltmeister es nicht liebt, zu sehr eingeschnürt zu werden. Nach sieben Minuten greift Garri zu. Sein Gegner bezeichnet 27. ... Sxd5? später als den Verlustzug. Wie wir sehen werden, erhält Weiß für die Qualität meht als ausreichende Kompensation.

Hartnäckiger ist 27. ... Tac8, wonach Weiß nur geringen Vorteil hat (Anand).

28. exd5   Dg6

Eine andere Möglichkeit besteht in 28. ... Df5, um das Feld d7 zu überdecken und die Falle 29. c5? e4 mit Gewinn des d-Bauern zu stellen. Statt dessen gibt 29. Lg4 Dd3 30. Td1 Weiß

entscheidenden Vorteil. Schwarz hat keine Möglichkeit, den Bauern zu stoppen.

29. c5   e4

30. Le2   Te5

31. Dd7!

Weiß hat bereits eine Gewinnstellung, und der elegante Textzug beseitigt die letzten Zweifel. Er droht nicht nur das Schlagen auf b7, sondern übt auch Druck auf f7 aus und bietet dem eigenen Königsflügel zusätzlichen Schutz.

31. ...   Tg5

32. Tg1   e3

33. d6   Tg3

34. Dxb7   De6

Ein letzter verzweifelter Versuch des Titelverteidigers, die Niederlage abzuwenden. Schwarz droht 35. ... Txh3+ und Matt durch die Dame. Anand reagiert jedoch cool.

35. Kh2!

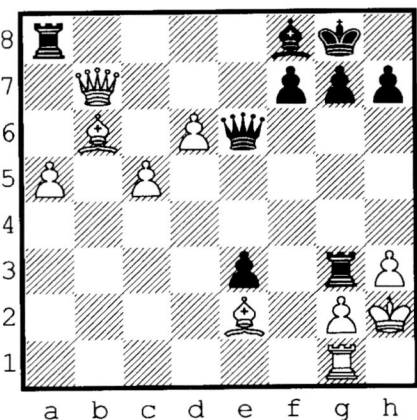

"Simple and sweet" (Bulletin). Ein unikales Schlußbild. Die beiden Türme Kasparows hän-

gen. Es hilft auch kein Abzugschach mehr: 35. ... De5 36. Dxa8 Txh3+ 37. Kxh3 De6+ 38. g4. 1–0

Der Herausforderer, nicht der Champion, hat das erste Tor geschossen und den Bann gebrochen! Mit Anands stolzem Sieg geht die längste Remisserie zu Beginn einer Schach–WM zu Ende. Weiter so, meine Herren im Glashaus!

Stand: 5:4 für Anand.

In der Pressekonferenz gibt sich der Gewinner bescheiden und sagt nur, er fühle sich gut. "Es ist lange her, daß ich ihn geschlagen habe." In einer Partie mit normaler Bedenkzeit geschah das zum letzten Mal Anfang 1992 beim Superturnier im italienischen Reggio Emilia. Anand verweist darauf, daß er mit dem einen Punkt Vorsprung noch längst nicht am Ziel seiner Wünsche sei. Der Champion werde sicher schon im nächsten Spiel versuchen, zu kontern und voll auf Angriff spielen.

10. Partie

26. September 1995
Zurück im Geschäft

Die heutige Partie wird mit besonderer Spannung erwartet. Durch seinen unerwarteten Rückstand ist der Weltmeister im Zugzwang. Wer Kasparow kennt, weiß, daß er in Bedrängnis seine besten Leistungen bringt. Hat Anand mit seinem Sieg in der neunten Partie den schlafenden Löwen geweckt? Für die Experten wird es jetzt erst richtig spannend. Die meisten sind sich sicher, daß Kasparow versuchen wird, sofort zurückzuschlagen.

Kasparow – Anand
Spanisch C80

1. e4	e5
2. Sf3	Sc6
3. Lb5	a6
4. La4	Sf6
5. 0–0	Sxe4
6. d4	b5
7. Lb3	d5
8. dxe5	Le6
9. Sbd2	Sc5
10. c3	d4
11. Sg5	dxc3
12. Sxe6	fxe6
13. bxc3	Dd3

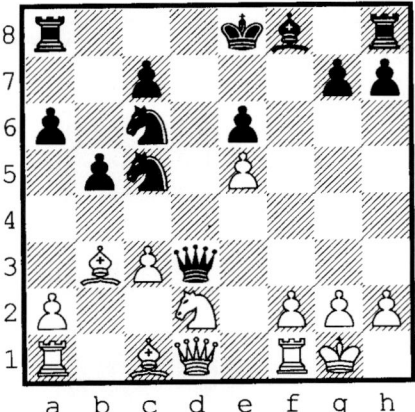

"Nichts Neues", stöhnt "Don Miguel" Najdorf im Pressezentrum. In der Tat spulen die beiden in ihrer Glasvitrine bis hier exakt die Zugfolge der sechsten Partie herunter. Jetzt kommt es dafür um so überraschender...

14. Lc2!

Zuletzt erzielte Kasparow mit 14. Sf3 0–0–0 15. De1 Sxb3 16. axb3 Kb7 17. Le3 Le7 keinen Vorteil. Der neue Läuferzug bildet den Auftakt zu einem spektakulären Turmopfer. Kasparow hat ihn am freien Wochenende mit seinem Team ausgegraben und analysiert. Später wird bekannt, daß 14. Lc2 schon 1990 in einer Fernpartie in Holland gespielt worden ist. Der Weltmeister vergaß jedenfalls beim eingehenden Prüfen der Fortsetzung ganz und gar seine Vorbereitung auf die neunte Partie. Das Ergebnis kennen wir.

14. ...	Dxc3
15. Sb3	Sxb3

Der Herausforderer überlegt eine Dreiviertelstunde, ehe er auf b3 nimmt. An dieser Stelle scheiden sich die Geister der Kommentatoren. Die spannendste Frage lautet: Wo steht Kasparows weißer Angriffsläufer am besten? King und Ashley verweisen vor allem auf die Möglichkeit 16. Lxb3. Najdorf plädiert nur für 16. axb3 nebst 17. Dh5+. Der weiße Läufer soll seiner Meinung nach auf der Diagonale b1–h7 bleiben.

16. Lxb3!?

Die beste Entscheidung. Der Läufer schießt sich auf den neuralgischen Punkt e6 ein, wo er verheerende Wirkung erzielen soll.

16. ...	Sd4

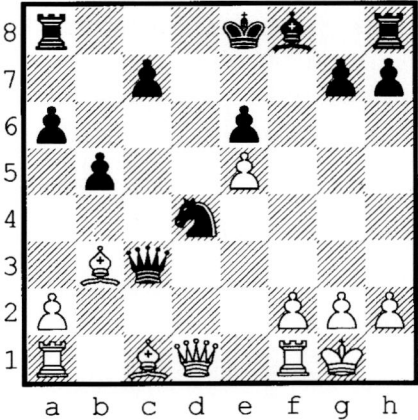

Noch vergreift sich Anand nicht am weißen Turm. Nach 16. ... Dxa1 17. Dh5+ hat Schwarz keine guten Antworten:

1) 17. ... g6 18. Df3 Sd8 19. Df6! Tg8 20. Lg5 Dd4 21. Td1, und Weiß gewinnt.

2) 17. ... Kd7 18. Lxe6+ Kxe6
19. Dg4+ Kf7 20. Df3+ Ke6
21. Dxc6+ Ld6 22. exd6 De5
23. Ld2, und gegen 24. Te1 gibt
es keine Verteidigung.

17. Dg4   Dxa1

18. Lxe6   Td8

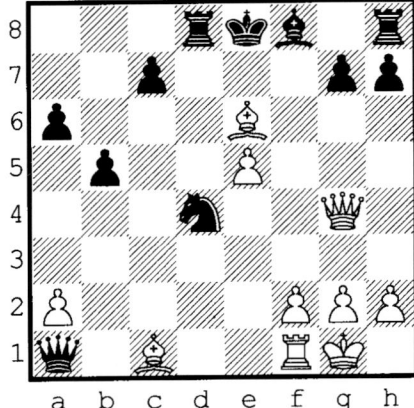

19. Lh6!

Im Blitztempo knallt Kasparow
den Läufer aufs Brett und sieht
seinen Gegner herausfordernd
an. Weiß hat einen ganzen
Turm weniger, ist aber sicher,
daß die schwarze Stellung in
wenigen Zügen ein Trümmer-
haufen sein wird.

19. ...   Dc3

Anand leistet mit diesem Zug
noch etwas Widerstand. Der
zweite weiße Turm durfte bei
Strafe des eigenen Untergangs
nicht auch noch geschlagen
werden: 19. ... Dxf1+ 20. Kxf1
gxh6 21. Dh5+ Ke7 22. Df7
matt.

20. Lxg7   Dd3

21. Lxh8   Dg6

22. Lf6   Le7

23. Lxe7   Dxg4

Auf 23. ... Kxe7 folgt 24. Dh4+.

24. Lxg4   Kxe7

25. Tc1

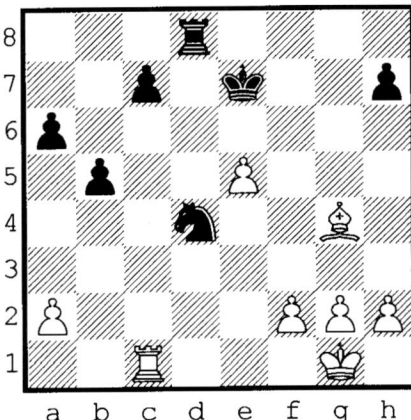

Der genaue Zug Kasparows
macht die Hoffnungen von
Schwarz auf Gegenspiel am Damenflügel zunichte.

25. ...   c6

26. f4   a5

27. Kf2   a4

28. Ke3   b4

29. Ld1

Wiederum sehr akkurat ge-
spielt. Nach 29. Te4 folgt 29. ...
a3, und Schwarz hat noch gute
Chancen im Endspiel.

"Hast du den Blick Kasparows
bei seinem Läuferzug gesehen?", fragt mich ein Journali-
stenkollege aus Hamburg. Man
spürt, wie emotionsgeladen der
Weltmeister ist, der mit Unge-
duld das Ausgleichstor herbei-
sehnt.

29. ...   a3

30. g4

Damit macht der Anziehende

alles klar. Das schwarze Über-
gewicht am Damenflügel reicht
nicht aus. Kasparows starke
Freibauern auf der anderen
Brettseite entscheiden das
Spiel.

30. ...   Td5

31. Tc4   c5

32. Ke4   Td8

33. Txc5   Se6

34. Td5   Tc8

35. f5   Tc8

36. Ke3   Tc4+

37. g5   Sc5

38. Td6   Tc1

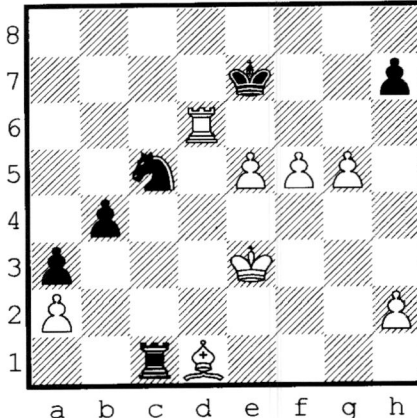

1-0

Anand gibt auf, weil der letzte
Rettungsversuch 38. ... b3 an
39. f6+ Kf8 40. Lh5 Sb7 41.
Ta6 Sd8 42. Ta8 Td1 43. e6!
scheitert.

Der Herausforderer ist in dieser
Partie der häuslichen Analyse
seines Gegners zum Opfer gefallen. Die theoretische Tretmine
verfehlte ihre Wirkung nicht.
Schwarz riskierte zu viel und
hat alles verloren.

Wir sahen heute einen echten Kasparow. Er zeigte sein phantasievolles Angriffsspiel, das Millionen Schachfreunde auf der Welt so lieben.

Stand: 5:5

Zur Halbzeit der Profi-Schachweltmeisterschaft in New York ist der Weg zum Titel und einer Million Dollar Preisgeld für Vishy Anand wieder steiniger geworden. Nach seiner spektakulären Neuerung 14. Lc2! schlug der Weltmeister zurück und glich den Rückstand postwendend aus. Der Kampf der Schachgiganten im World Trade Center kann damit praktisch neu beginnen. PCA-Manager Bob Rice meint im Pressezentrum scherzend zum Berichterstatter aus Berlin: "Das Match läuft nach einem perfekten Drehbuch ab" (siehe Interview).

Bei der abendlichen Pressekonferenz erklärt Kasparow erleichtert: "Ich bin zurück im Geschäft, das ist das wichtigste nach dem Schock der tags zuvor verlorenen Partie."

Ob der Champion beim Duell um die Schachkrone über Manhattan damit endgültig zu seinem Spiel gefunden hat, werden die nächsten Partien zeigen. Zum ersten Mal seit acht Jahren mußte Kasparow hier bei einer Weltmeisterschaft wieder einen Rückstand wettmachen. Er tat es auf unnachahmliche Art und Weise.

In der Vergangenheit hat der Schachkönig schon oft seinen großen Kampfgeist bewiesen. 1987 in Sevilla lag Garri vor der letzten WM-Partie gegen Anatoli Karpow einen ganzen Punkt zurück und schaffte mit dem 24. Spiel den Ausgleich, womit er seinen Titel behielt.

Die Resonanz bei dieser Schachweltmeisterschaft 1995 ist für amerikanische Verhältnisse groß. "New York Times" und "USA Today" vermelden die Siegpartien auf der Titelseite. Im Pressezentrum sind 400 Journalisten akkreditiert. Täglich sehen etwa 1000 Zuschauer den beiden Denkakrobaten in ihrem Glashaus auf dem Observation Deck des World Trade Centers zu, wenn sie die Aussicht über die Millionenstadt genießen. Zum ersten Mal kann ein WM-Match weltweit im Fernsehen verfolgt werden, und Schachfreaks bekommen die Züge live über Internet in ihre Computer eingespielt.

Im Pressezentrum

Manuel Aaron

Wie bei jeder Schach–WM ist auch das New Yorker Pressezentrum täglich ein Treffpunkt der internationalen Prominenz des königlichen Spiels. Großmeister, Journalisten, VIPs und das Turniermanagement geben sich im Top of the World die Klinke in die Hand. Ein Großteil von ihnen kommt diesmal naturgemäß aus Indien.

Der Internationale Meister Manuel Aaron ist ein alter Bekannter. Bei unserem letzten Treffen zur Schacholympiade 1990 in Novi Sad machte er als Delegierter des FIDE–Kongresses Wahlkampf für den alten und neuen Präsidenten Campomanes. Aaron ist dem Philippino auch noch heute verbunden, hat sich aber aus der Schachpolitik zurückgezogen.

Der inzwischen 60jährige Schachpublizist kommt wie Anand aus Madras. Er berichtet hier vom Weltmeisterschaftskampf für die Zeitschrift "India Today" und wünscht seinem Freund Vishy nichts sehnlicher als den Titel. Deshalb freute er sich gemeinsam mit seinen Landsleuten in New York über den ersten Sieg des Herausforderers in der neunten Partie. Über die lange Remisserie war Manuel nicht glücklich. "Die beiden spielten anfangs zu sehr auf Sicherheit. In meiner aktiven Zeit war das anders".

Aaron, der es nie zum WM–Kandidaten brachte, sorgte vor 35 Jahren bei der Schacholympiade in Leipzig für einen Paukenschlag. In der Messestadt besiegte er damals als unbekannter junger Mann aus der dritten Welt keinen Geringeren als den holländischen Exweltmeister Max Euwe. "Es war nicht die beste, aber die spektakulärste Partie meiner Karriere," sagt Manuel.

Aaron – Euwe
Leipzig 1960
Damenindisch E12

1. d4 Sf6 2. Sf3 b6 3. c4 Lb7 4. Sc3 e6 5. Lg5 h6 6. Lh4 Le7 7. e3 d6 8. Ld3 g5 9. Lg3 g4 10. Sd2 Lxg2 11. Tg1 Lb7 12. e4 e5 13. d5 Sbd7 14. f3 h5 15. Le2 gxf3 16. Lxf3 Sf8   17. De2 Sg6 18. 0–0–0 Lc8 19. Sf1 h4 20. Le1 Sf4 21. Dc2 Lh3 22. Se3 Dd7 23. Lf2 0–0–0 24. a4 Kb7 25. b4 c5 26. dxc6+ Dxc6 27. Scd5 S6xd5 28. Sxd5 Sxd5 29. exd5 Dc8 30. c5! Tdg8 31. c6+ Kc7 32. a5 bxa5 33. Da4! Kd8 34. Dxa5+ Dc7 35. Dxa7 Dxa7 36. Lxa7 Lg5+ 37. Kb2 Ke7 38. b5 Ta8 39. Txg5 Txa7 40. b6 Ta4 41. b7 Tb8 42. Ta1 Tb4+ 43. Kc3 T4xb7 44. cxb7 Txb7 45. Th5 Tc7+ 46. Kd3 Ld7 47. Txh4 Lf5+ 48. Le4 Lxe4+ 49. Txe4 Tc5 50. Ta7+ Kf6 51. Te2 Txd5+ 52. Ke3 Ke6 53. Td2 Tb5 54. Ta6 Tb3+ 55. Kf2 1–0

Manuel Aaron

Carol Jarecki

Die Schiedsrichterin dieser Weltmeisterschaft ist Insidern längst bekannt. Sie war schon bei vielen großen Schachwettbewerben im Einsatz, auch zu Olympiaden und Weltmeisterschaften. 1990 agierte sie zum Beispiel in Lyon, wo eine Matchhälfte zwischen Kasparow und Karpow über die Bühne ging.

In New York hat die sympathische Amerikanerin ein leichtes Amtieren. Kasparow und Anand sind außerhalb des Bretts keine unversöhnlichen Gegner – das wirkt sich auf die Wettkampfatmosphäre aus, auch wenn der Champion nach seinem Rückstand in der "Neunten" einige psychologische Tricks auspackte.

Frau Jarecki spricht wie Miguel Najdorf ausgezeichnet Deutsch. Ehe sie sich in New York niederließ, lebte sie mit ihrem Ehemann, einem Mediziner, einige Jahre in Heidelberg.

Carol, was ist das für ein Gefühl, nach neun Partien endlich ein Sieg?

Ich bin unparteiisch, aber dennoch froh, daß einer gewonnen hat. Jetzt ist der Bann endlich gebrochen, und das Match wird interessanter.

Spürt man das auch in der Stadt New York?

Ja, viele Menschen, zum Beispiel Geschäftsleute, die keine Zeit haben, hierher zu kommen, fragen mich auf der Straße, wie es steht.

Wie verhielt sich Anand nach seinem Führungstor?

Als ich Vishy gratulierte, sagte er lächelnd: "Ich habe heute den Tiger an seinen Barthaaren berührt. Morgen wird er Rache nehmen."

Und wie reagierte Kasparow?

Garri verliert sehr ungern. Er unterschrieb nur das Partieformular, dann ist er verschwunden, ohne ein Wort zu sagen. Die Kopie der Notation ließ er auf dem Spieltisch liegen.

Anands Eltern und Garris Mutter verfolgen das Match hautnah. Wie finden Sie das?

Ganz toll. Ich bin auch Mutter eines Schachspielers und weiß, wie das ist, wenn der Sohn einen wichtigen Wettkampf bestreitet. Als Zuschauer leidet man dann einfach besonders mit.

Carol Jarecki drückt die Uhr

"Thats the script!"

Der PCA–Geschäftsführer Bob Rice, ein New Yorker Anwalt, ist während des WM–Duells nicht täglich im World Trade Center zu sehen. Wenn er jedoch ins Pressezentrum kommt, interessiert ihn stets die Meinung der ausländischen Journalisten über das von ihm organisierte Match. Er selbst gibt gern Auskunft und wird dabei nicht müde, die Rolle New Yorks als besten aller WM–Austragungsorte zu betonen.

Mr. Rice, wie sind Ihre bisherigen Eindrücke vom Match?

Das ist ein WM–Duell mit großer Publicity. Es findet ein breites Echo im Fernsehen, in Zeitungen und Zeitschriften. Das ist es, was das Schach braucht: ein interessantes Match mit zwei sehr attraktiven Spielern. Da kommen die Leute und schauen zu. Was wollen Sie mehr?

Würden Sie noch mal eine WM in New York organisieren?

Das ist eine reizvolle Idee. Ich würde es gern noch einmal tun, denn das hier ist ein gutes Match. Aber so etwas zu organisieren ist ein umfangreicher Job, der mehrere Monate Zeit in Anspruch nimmt. New York ist als Hauptstadt der Welt ein sehr geeigneter Platz für eine Schachweltmeisterschaft.

Wir haben zu Beginn acht Remispartien gesehen. Ist das eine gute Werbung für das Schach?

Es ist auf jeden Fall besser als ein blow up–Duell. Denken wir nur an London 1993, als Kasporow Short vom Brett fegte. Das war zu einseitig. Der Titelkampf hier geht über 20 Partien, und da wird noch eine Menge passieren. Hauptsache ist doch, daß wir einen guten Fight sehen.

Kasparow hat nach seinem Rückstand umgehend zurückgeschlagen. Ihr Kommentar dazu?

"Thats the script!" Das habe ich mir gewünscht. So muß es sein! Ein Matchverlauf wie nach einem guten Film–Drehbuch.

Wer ist Ihr WM–Favorit?

Mein Favorit ist das Publikum. Wenn die Zuschauer zufrieden und glücklich sind, dann bin ich es auch.

Bob Rice

Miguel Najdorf

Im Presseraum ist der Tisch des 85jährigen Argentiniers stets dicht umringt. Der älteste Großmeister der Welt hat es sich nicht nehmen lassen, das Match in New York zu besuchen und analysiert täglich mehrere Stunden lang mit seinen Kollegen die Züge Kasparows und Anands. Gelegenheit für den Autor, dem Schachveteranen ein Exemplar des Buches "Sizilianisch Pur" über das Thematurnier 1994 in Najdorfs Heimatstadt Buenos Aires zu überreichen. Don Miguel versteht glänzend Deutsch und freut sich über Inhalt und Aufmachung des Bandes, in dem ihm auch ein Kapitel gewidmet ist.

"Gratuliere!", sagt er am nächsten Tag, nachdem er die Zeit im Hotel zur Lektüre genutzt hat. Während Garri und Vishy über ihre Stellung brüten, unterhalten wir uns:

Herr Najdorf, was treibt Sie nach New York?

Die Liebe zum Schach. Ich verbringe zehn Tage hier, um die WM – Partien anzusehen und für meine Zeitung "Clarin" zu schreiben.

Engagieren Sie sich zu Hause noch immer für das königliche Spiel?

Ja, natürlich. Ich habe in Argentinien schon sechs internationale Schachturniere mit starker Besetzung gesponsert. Das kostet eine "Kleinigkeit". Insgesamt gab ich in den letzten Jahren für Organisation, Antrittsgelder und Preise 1,5 Millionen Dollar aus.

Gefallen Ihnen die WM – Partien?

Ehrlich gesagt, nicht alle. Aber man muß berücksichtigen, daß die beiden hier um eine Weltmeisterschaft spielen. Da geht es um keinen Schönheitspreis, und die Vorsicht steht im Vordergrund. Manchmal spielt vielleicht auch die Angst mit.

Was halten Sie von Anand?

Er ist für mich der zweite Capablanca. Sein Stil erinnert an den großen Kubaner. Kasparow hat sich in den ersten Partien schwer gegen ihn getan.

Nicht aber in der zehnten ...

Diese Begegnung hat Garri nicht am Brett, sondern durch

seine häusliche Vorbereitung gewonnen.

Anand hätte die "Geschenke" ja nicht annehmen müssen?

Schwer zu sagen. Kasparows Team hat viele, viele Stunden analysiert. Jetzt wird Anand den offenen Spanier wohl nicht mehr spielen. Die Variante ist zu gefährlich für Schwarz.

Don Miguel, wer wird das Match gewinnen?

Das ist keine einfache Frage. Man hat vorher gedacht, Kasparow hat leichtes Spiel. Die erste Hälfte des Wettkampfs zeigte, daß er noch zulegen muß, wenn er seinen Titel verteidigen will.

Was sind die Ursachen für das bisher offene Duell?

Garri spielt nicht mehr so konzentriert wie früher. Er ist heute nicht nur Schachprofi, sondern auch Geschäftsmann und Sportpolitiker. Kasparow will alles auf einmal machen. Ich bin der Meinung, daß ein Weltmeister sich nur mit Schach befassen sollte.

Blick vom World Trade Center auf New York

11. Partie

28. September 1995

Der Doppelschlag

Anpfiff zur zweiten Halbzeit. Beim Stand von 5 : 5 beginnt das Spiel in luftiger Höhe heute praktisch neu. Was plant Kasparow? Wie hat Anand seine Niederlage verdaut? – so lauten die Fragen des Tages. Sie werden auf spektakuläre Weise beantwortet.

Getreu dem Motto "Rache ist viel süßer, wenn sie doppelt genossen wird", gewinnt Garri die zweite Partie in Folge. Der Titelverteidiger triumphiert auch mit den schwarzen Steinen, nachdem Anand zuvor ein Remis abgelehnt hat. Damit kippt das Match, und Kasparow kann endlich demonstrieren, wer Herr im "Handelshaus" ist. Sein Gegner hat ihm unfreiwillig dabei geholfen.

Anand – Kasparow
Sizilianisch B78

1. e4	c5
2. Sf3	d6
3. d4	cxd4
4. Sxd4	Sf6
5. Sc3	g6

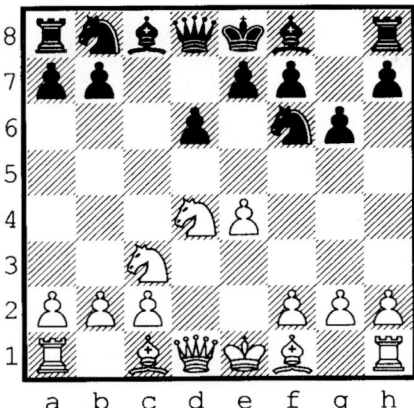

"Oh Jesus, er spielt die Drachenvariante!", ruft Anands Sekundant Patrick Wolff, als er am Computer den fünften Zug des Champions sieht. Kasparow hat heute zum ersten Mal dieses Abspiel gewählt. Keiner der Insider vor Ort kann sich erinnern, daß Garri mit Schwarz in seiner Karriere jemals so gezogen hat.

Nach diesem überraschenden Partieanfang steht der Maestro erst einmal auf und verläßt die Glaskabine. Anand überlegt einige Minuten und wählt einen normalen Aufbau.

6. Le3	Lg7
7. f3	0–0
8. Dd2	Sc6
9. Lc4	

Andere Möglichkeiten für Weiß sind 9. 0–0–0 d5!? 10. exd5 Sxd5 11. Sxc6 bxc6 12. Ld4 oder 9. g4!?

9. ...	Ld7
10. 0–0–0	Se5
11. Lb3	Tc8
12. h4	h5!?

Kasparow unterbindet die Öffnung der h–Linie, die Schwarz nach 12. ... Sc4 13. Lxc4 Txc4 14. h5! Sxh5 15. g4 zulassen würde. Bis heute sind sich die Theoretiker nicht ganz einig, welche Fortsetzung die bessere für den Nachziehenden ist.

13. Kb1

Schwächer wäre 13. Lh6?!, weil Schwarz nach 13. ... Lxh6 14. Dxh6 mit dem Qualitätsopfer 14. ... Txc3! 15. bxc3 Da5 starkes Gegenspiel erhält. Auch 13. Lg5 Tc5!? wird als kritische Fortsetzung angesehen. Anands ruhiger Zug ist nicht neu, bringt jedoch kaum etwas ein.

13. ...	Sc4
14. Lxc4	Txc4
15. Sde2	

Weniger gut ist 15. Sce2 wegen 15. ... b5! 16. c3 Db8! Auf 15. Sb3 folgt 15. ... Dc7 16. Ld4 Lc6 17. De2 b5.

15. ...	b5
16. Lh6	Da5!

Eine Verstärkung des Weltmeisters. In der früheren Partie Glek – Kweinis (Bad Godesberg 1995) geschah 16. ... b4 17. Lxg7 Kxg7 18. Sd5 Sxd5 19. exd5 Db6! 20. b3 Tc7 21. g4 Tfc8 mit großen Verwicklungen.

17. Lxg7

Verlieren würde 17. Sd5?! Dxd2 18. Sxe7+? Kh7 19. Lxd2 Te8. Wenn Schwarz aber 19. ... Sxe4 zieht, erhält Weiß die Möglichkeit 20. b3! Tc5 21. Lf4!

17. ...	Kxg7
18. Sf4	TFC8
19. Scd5	

Anand hat nur Ausgleich, mehr nicht. Es ist mitunter schwer, sich dies einzugestehen. 19. Sfd5? geht wegen 19. ... b4 nicht, und nach 19. Tc1 muß Weiß mit dem Qualitätsopfer auf c3 rechnen.

19. ...	Dxd2

Kasparow bietet hier Remis an, aber Anand lehnt ab, weil er mit e4–e5 noch Gewinnversuche unternehmen will. Ein fataler Irrtum.

20. Txd2	Sxd5
21. Sxd5	Kf8

Die Stellung ist ausgeglichen. Wenn einer noch etwas ausrichten kann, dann nur Schwarz am Damenflügel. Aber die Remisbreite würde dabei nicht überschritten werden.

22. Te1	Tb8
23. b3	

Der Zug verdirbt zwar noch nichts, aber sicherer war es, 23. Se3 Tc5 24. Td5 Tc7 25. Td2 zu spielen und abzuwarten.

23. ...	Tc5
24. Sf4	Tbc8

Auf 25. e5 hat Schwarz die Erwiderung 25. ... Lf5.

25. Kb2	a5
26. a3	Kg7
27. Sd5	

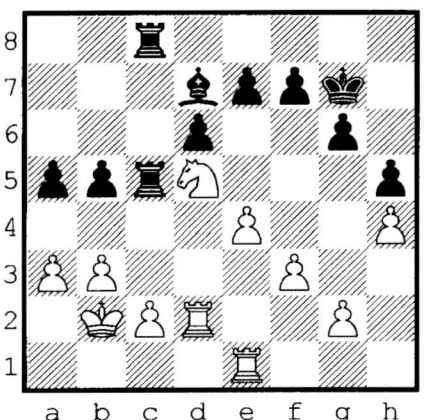

27. ...	Le6!

Ein starker Zug, dessen Güte der Herausforderer nicht in vollem Umfang erkennt. Er konnte jetzt mit 28. Sxe7 Te8 29. b4 axb4 30. axb4 Tc4 31. Sd5 Lxd5 32. Txd5 Txb4+ 33. Kc3 Tc4+ 34. Kb3 noch immer das Remis forcieren.

28. b4?	

"Aber Anand läuft mit diesem Vorstoß einem Phantom nach" (Pachman).

28. ...	axb4
29. axb4	Txc4!
30. Sb6??	

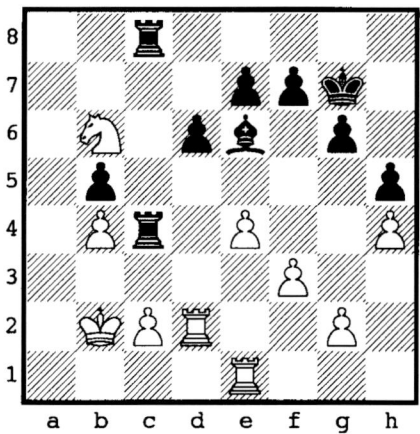

Kasparow blickt seinen Gegenüber ungläubig an. "Oh no!", ruft draußen Großmeister Larry Christiansen. Er hat längst analysiert, was Anand übersieht: die Springergabel ist hier kein Gewinnzug, sondern führt geradewegs ins Verderben. Angebracht war 30. Kb3. Nach dem Mißgriff gibt es für den Großmeister aus Madras ein böses Erwachen.

30. ...	Txb4+
31. Ka3	Txc2!

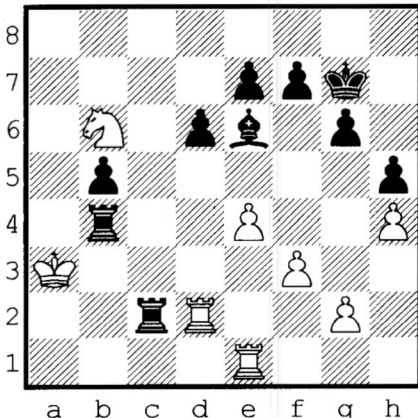

0–1

Spektakulärer Schlußakkord einer ungewöhnlichen Partie. Nach 32. Txc2 Tb3+ 33. Ka2 Te3+ 34. Kb2 Txe1 oder 32. Kxb4 Txd2 ist die Lage von Weiß hoffnungslos. Schockiert gibt Anand auf.

Im WDR nennt TV–Kommentator Helmut Pfleger den unglücklichen Vishy voll Mitgefühl einen betrogenen Betrüger. Anand hat heute dem Kapitel Schachblindheit auf höchster Ebene eine neue Seite hinzugefügt.

Stand: 6,5 : 5,5 für Kasparow.

Sahen wir hier den matchentscheidenden Fehler? In ausgeglichener Stellung spielte Vishy weiter auf Sieg und übersah Garris Falle. Einem, der sich anschickt, Weltmeister zu werden, darf so etwas nicht passieren! Mit drei Turmzügen holte der Champion am Ende unerwartet den ganzen Punkt. Hat sich Anand mit seinem Versehen schon um die Früchte der bisherigen Arbeit gebracht?

Auf der Pressekonferenz, die live nach Indien übertragen wird, konstatiert der Weltmeister, daß er jetzt in einer besseren Position sei als bei Wochenbeginn. Zur Titelverteidigung fehlen ihm noch vier Punkte aus den restlichen neun Partien. Bei einem früheren WM-Match gegen seinen Erzrivalen Anatoli Karpow, so erinnert sich Kasparow vor der Journalistenschar, hat er schon einmal eine Partie gewonnen, nachdem der damalige Herausforderer seine Remisofferte ablehnte. Es war das 47. Spiel der Weltmeisterschaft 1984/85 in Moskau, die als "unvollendete" in die Schachgeschichte einging.

Kasparow bestätigt vor den Journalisten, daß er in einer wichtigen Wettkampfpartie noch nie den Drachen gespielt hat.

12. Partie

29. September 1995

Bis zur Zeitkontrolle

Der Weltmeister bestimmt heute mit Weiß wieder die Eröffnung, der Herausforderer die Variante. Nach seinem Debakel mit dem Offenen Spanier wechselt Anand das Abspiel. Ein Springermanöver im 23. Zug bringt ihn in Schwierigkeiten. Mit dem Befreiungsschlag 31. ... e4+ kann Vishy die Situation jedoch klären und Kasparow danach nicht mehr gewinnen. Sein Hattrick ist verhindert.

Erstmals wird in diesem WM-Match die Zeitkontrolle erreicht. Mit 43 Zügen registrieren wir das bisher längste Spiel. Durch das Unentschieden bewahrt sich Anand die Chance, den Spieß vielleicht noch einmal umdrehen zu können.

Kasparow – Anand

Spanisch C78

1. e4	e5
2. Sf3	Sc6
3. Lb5	a6
4. La4	Sf6
5. 0–0	b5

Kein offener Spanier mehr! Anand möchte die Anfangszüge der 10. Partie aus verständlichen Gründen nicht wiederholen. Sicher hat er mit seinem Team so schnell auch noch kein Gegengift gefunden, um Kasparows Neuerung 14. Lc2! zu

entschärfen. Das ist eine länger-
fristige Hausaufgabe für den
Spanisch – Spezialisten Jussupow.

6. Lb3   Lc5

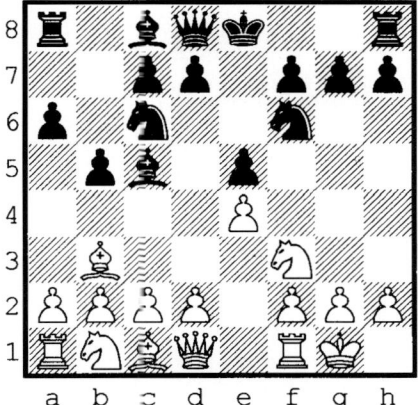

Die Archangelsker Variante, be-
nannt nach der Stadt im Nor-
den Rußlands, wo sie zum ersten Mal gespielt wurde.

7. a4   Lb7

8. d3   d6

9. Sc3   b4

10. Sd5   Sa5!

Ein Fehler ist 10. ... 0–0?! wegen 11. Lg5, und Weiß steht besser. In der Partie Timman – Ba-
rejew (Wijk aan Zee 1995) zog
Schwarz 10. ... h6, und nach 11.
a5 0–0 12. c3 Tb8 13. Ld2
bxc3 14. bxc3 La7 15. Le3 Lc8
16. Sxf6+ Dxf6 hatte er Ausgleich. Die Partie endete remis.
Anand versucht, das schwarze
Spiel zu verstärken.

11. Sxf6+   Dxf6

12. La2   h6

Nach 12. . . 0–0? 13. Lg5 Dg6
14. Le7 Tfe8 15. Sxe5 verliert
Schwarz einen Bauern.

13. c3   bxc3

14. bxc3   0–0

15. Le3   Tad8!

16. Tb1   Lc8

17. De2   Le6

18. h3

Beachtung verdient 18. Lxe6!?
Dxe6 19. d4 exd4 20. cxd4 Lb6
mit verwickeltem Spiel.

18. ...   Lxa2

19. Dxa2   Lxe3

20. fxe3   De6

21. Dxe6   fxe6

22. Tb4   Tb8

23. Tfb1   Sc6?!

Dieser ungenaue Zug bringt den
Herausforderer in Schwierigkeiten. Besser war 23. ... Txb4
24. cxb4? (genauer ist 24. Txb4
Kf7 mit leichtem weißem Vorteil) 24. ... Tb8, und der weiße
b–Bauer geht verloren.

24. Tb7   Tbc8

25. Kf2

Die Experten im Presseraum
analysierten hier vor allem

25. d4.

25. ...   Tf7

26. Ke2   Tcf8

27. d4   g5

28. Kd3

Möglicherweise ist 28. d5 stärker.

28. ...   Tg7

29. d5   exd5

30. exd5   g4

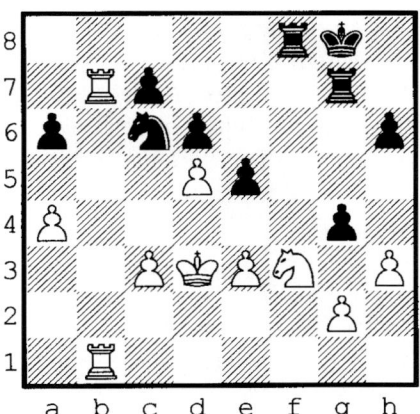

31. dxc6

Oder 31. hxg4 Txg4 32. Sd2
e4+! 33. Sxe4 Se5+.

31. ...   e4+!?

Kasparow hatte auf sein Partieformular schon den Zug 31. ...
gxf3 notiert! Nach 32. gxf3 Txf3
33. Ta7 nebst Tbb7 gewinnt
Weiß. Die witzige Antwort des
Herausforderers rettet Schwarz
und forciert das Unentschieden.

32. Kxe4   gxf3

33. gxf3   Te7+

34. Kd4   Txf3

35. e4   Txh3

36. Txc7

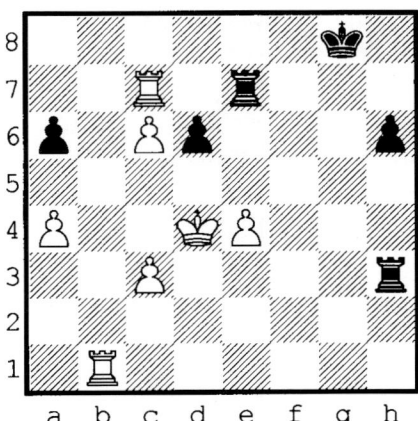

Das sieht zwar beeindruckend aus, reicht aber nach Meinung der Kommentatoren nicht zum Gewinn. Statt dessen schlagen sie 36. Ta7! Th4 37. Te1 vor, wonach Schwarz größere Sorgen hat.

36. ...	Txc7
37. Tb8+	Kf7
38. Tb7	Te8
39. c7	Txc7
40. Txc7+	Ke6
41. Ta7	h5
42. Txa6	Th1
43. Ta8	h4

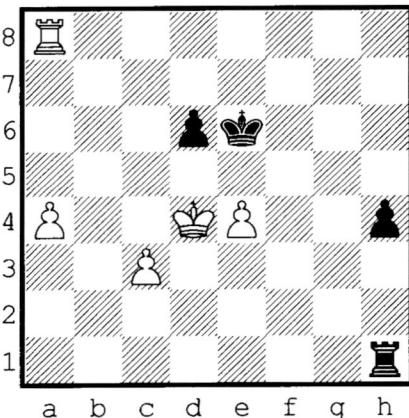

Remis.

Anand ist mit einem blauen Auge davongekommen. Wichtig für die Dramaturgie des Matchs ist es, daß der Herausforderer die Initiative und damit die Siegesserie des Titelverteidigers stoppen konnte.

Stand: 6,5 : 5,5 für Kasparow.

Im Presseraum äußert Anand die Hoffnung, das Blatt in der nächsten Woche noch einmal wenden zu können. Er fühle sich müde und wolle erst einmal schlafen. Nach zwei spielfreien Tagen am Wochenende wird das Match am Montag fortgesetzt. Der Inder hat Aufschlag.

13. Partie

2. Oktober 1995

Die Glückszahl bleibt

Die Fragen des Tages lauten: Greift Garri heute noch einmal zum Drachen? Zweitens: Bleibt die 13 seine Glückszahl? Eingeweihte wissen: er ist am 13. April geboren und der 13. Weltmeister der Schachgeschichte. Noch nie hat Garri bei einer WM die 13. Partie verloren. Und schließlich: Welche Strategie haben Anand und sein Team gegen den zu erwartenden schwarzen Aufbau des Hexenmeisters erarbeitet? Alles beginnt wie im Spiel 11.

Anand – Kasparow

Sizilianisch B 78

1. e4	c5
2. Sf3	d6
3. d4	cxd4
4. Sxd4	Sf6
5. Sc3	g6
6. Le3	Lg7

Ein Fehler wäre das voreilige 6. ... Sg4? wegen 7. Lb5+, und Weiß gewinnt den Springer.

7. Dd2

In der 11. Partie zog Anand 7. f3. Vielleicht will er jetzt 7. ... Sg4 8. Lg5 provozieren? Kasparow läßt sich aber nicht auf dieses Abspiel ein.

7. ...	Sc6
8. f3	0–0
9. Lc4	Ld7
10. h4	h5
11. Lb3	Tc8

Nach 12. 0–0–0 entstünde die gleiche Stellung wie zwei Spieltage zuvor. In der Partie Kamsky – Iwantschuk (Buenos Aires 1984) folgte 12. ... Se5 13. Lg5!? Tc5! 14. f4 Seg4 15. The1 Da5 16. f5!? gxf5 17. Sxf5 Lxf5 18. exf5 Te8 19. Sd5 Dxd2+ 20. Txd2 mit etwa gleichen Chancen.

12. Sxc6?!

Anand will die Theorie umgehen und verzichtet deshalb auf die notwendige Rochade. Der Textzug arbeitet jedoch nur dem Gegner in die Hand. Drachen-Experten schütteln hier entsetzt den Kopf, weil der Springertausch ein Schlag ins Wasser ist. Die Fachleute sind sich einig, daß es zu 12. 0–0–0 keine vernünftige Alternative gibt.

12. ...	bxc6
13. Lh6	c5

Schwarz nimmt das Heft in die Hand. Kasparow droht schon c4. Anand denkt 20 Minuten nach, wie er das Unheil abwenden kann.

14. Lc4

Nach 14. Lxg7 Kxg7 15. De2 Dc7 16. Lc4 Tb8 17. 0–0–0 Tb4 18. b3 Le6 19. Lxe6 fxe6 20. a3 Td4 21. Sb5 Txd1 22. Txd1 Da5 23. e5 hatte Weiß in der Partie Madl – Farago (1989) Angriff. Zu gefährlich wäre 14. 0–0–0 c4 15. La4 Le6!? nebst 16. ... Da5, und der König des Anziehenden gerät in Gefahr.

14. ...	Db6
15. Lxg7	Kxg7
16. b3	Le6!
17. Sd5?	

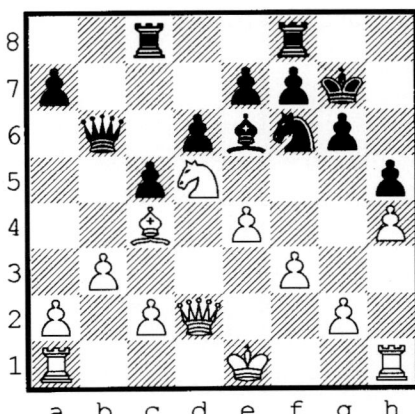

Das Diagramm zeigt den spielentscheidenden Fehler. Nach Kasparows starkem 16. Zug mußten die weißfeldrigen Läufer sofort getauscht werden: 17. Lxe6 fxe6. Weiß befürchtete offensichtlich, daß sein Kontrahent dann ein übermächtiges Bauernzentrum bekommt.

17. ...	Lxd5
18. exd5	e5
19. dxe6?	

Zu riskant. 19. 0–0–0 war eine letzte Gelegenheit zur Rochade.

19. ...	d5
20. Le2	c4

Die wuchtigen Vorstöße der

schwarzen Infanterie reißen die weiße Stellung auseinander. Anands König wird im Zentrum festgenagelt. An Rochieren ist nicht mehr zu denken. Kasparow sagt nach der Partie: "Noch nie habe ich in einem Spiel mit einem Zug beide Rochaden verhindert."

21. c3   Tce8!

Schwarz macht nur starke Züge. Der Herausforderer ist wahrlich nicht zu beneiden.

22. bxc4

Weiß bleibt kaum eine andere Wahl. Im VIP–Raum zeigt Kasparow später folgende Varianten:

1) 22. exf7 Txf7 23. Tf1 (23. Kd1 Tfe7 24. Te1 d4 25. cxd4 Sd5) 23. ... Tfe7 24. Tf2 Txe2+ 25. Txe2 Dg1 matt;

2) 22. Dd4 Dxe6 23. Dd2 d4! 24. cxd4 (24. bxc4 dxc3 25. Dc2 Dxc4) 24. ... c3 (24. ... Sd5!) 25. Dd3 Sd5. Auf 25. Dc2 folgt ebenfalls 25. ... Sd5.

22. ...   Txe6

23. Kf1

Weiß nimmt den König aus der Schußlinie, aber es ist schon zu spät. Auf 23. cxd5 folgt einfach 23. ... Te5, oder Schwarz nutzt die exponierte Lage von Anands Majestät aus: 23. ... Sxd5 24. Dxd5 Tfe8 25. Dd4+ Dxd4 26. cxd4 Txe2+ 27. Kf1 Td2.

23. ...   Tfe8

24. Ld3

Hoffnungslos wäre auch 24. Te1 dxc4.

24. ...   dxc4
25. Lxc4   Se4!

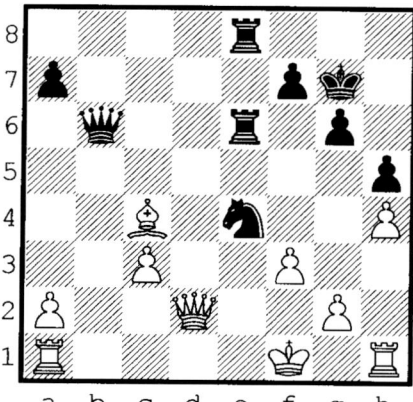

0–1

Das elegante Springeropfer krönt die Partie. Es droht schlicht und ergreifend Sg3 matt oder großer Materialverlust. Nichts geht mehr bei Weiß, zum Beispiel:

1) 26. fxe4 Tf6+ 27. Ke1 (27. Ke2 Txe4+) 27. ... Txe4+ 28. Le2 (28. Kd1 Txc4 29. Kc1 Tf2) 28. ... Df2+ 29. Kd1 Txe2! 30. Dxe2 Td6+ oder

2) 26. De1?! Td6! 27. fxe4 Tf6+ 28. Ke2 Txe4+ bzw. 26. Dd4+ Dxd4 27. cxd4 Sd2+ 28. Kf2 Sxc4.

Das alles läßt sich der unglückliche Anand nicht mehr zeigen. Wir sahen heute die bisher schwächste Vorstellung des Herausforderers in diesem Match. Einen schwarzen Tag hat jeder einmal. Mit Unverständnis registriert die Schachwelt jedoch, daß Vishy's hochkarätiges Sekundantenteam keinen wirksamen Aufbau gegen den Drachen gefunden hat.

Stand: 7,5 : 5,5 für Kasparow.

In "USA Today" erklärt der Weltmeister: "Vishy verfolgte die ungewöhnliche Idee 12. Sxc6, weil er den kritischen Zug 12. g4 umgehen wollte. Das führte zu einer Stellung, in der ich zu dem Bauernvorstoß e5 kam. Damit konnte ich einen schwachen Punkt in ein starkes Feld umwandeln. Anand wollte dies nicht akzeptieren und schlug unvorsichtigerweise en passant 19. dxe6. Dann kam mein Zug 20. ... c4, mit dem ich eine weiße Rochade verhinderte. Die kurze wäre illegal und die lange selbstmörderisch gewesen. Ich wußte, daß ich heute am 13. Oktober großes Glück haben würde."

Zur Vermeidung von Depressionen empfiehlt ein Schachkolumnist seinen geneigten Lesern, diese Partie nur aus der Sicht von Schwarz nachzuspielen.

Und was kann man dem Herausforderer nach dieser Schlappe raten? Kasparow, der bei der Pressekonferenz weniger die Schlußstellung als die psychologischen Ursachen von Anands Formtief analysiert, sagt: "Ich glaube, daß er übermotiviert und übervorbereitet nach New York gekommen ist. Vishy ist ein großer Schachmeister, der seine Vorzüge im freien und intuitiven Spiel hat. Das Lager von Anand hat sich zu sehr darauf konzentriert, ihn auf mein Spiel zu präparieren, statt ihm zu erlauben, seine eigenen Stärken auszuspielen."

14. Partie

3. Oktober 1995

Wer denkt an Skandinavisch?

Findet der junge Mann aus Madras heute die Kraft, King Kong standzuhalten? Zu wünschen wäre es ihm und dem Matchverlauf. Auf jeden Fall ist Anand im Zugzwang. Er will kämpfen und mit Schwarz auf Sieg spielen – das zeigt die Eröffnungswahl. Zur allgemeinen Überraschung gräbt Vishy die alte Skandinavische Verteidigung aus. Mit diesem Partieanfang hat in New York keiner gerechnet, am wenigsten Kasparow. Es wird ein spanndes Gefecht, in dem wieder einmal die Nerven entscheiden.

Kasparow – Anand
Skandinavisch B01

1. e4	**d5**

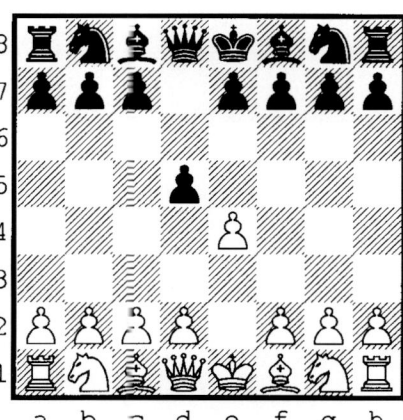

Zum ersten Mal in der Schachgeschichte kommt Skandinavisch bei einer Weltmeisterschaft aufs Brett.

2. exd5	**Dxd5**

Eine andere Möglichkeit besteht in 2. ... Sf6.

3. Sc3	**Da5**
4. d4	**sf6**
5. Sf3	**c6**

Früher entwickelte Schwarz an dieser Stelle seinen Läufer nach f5 oder g4. Anand umgeht bekannte Abspiele und strebt Stellungsbilder aus der Caro-Kann-Verteidigung an.

6. Se5	**Le6**

Ein seltener Zug.

7. Ld3	**Sbd7**
8. f4?!	

Danach bleibt der Läufer auf c1 eingesperrt. Der normale Zug von Weiß lautet hier 8. Sxd7.

8. ...	**g6**
9. 0–0	**Lg7**
10. Kh1	**Lf5!?**

Auch das ist eine Caro-Kann-Idee. Nach 11. Lxf5 gxf5 nebst e6 kontrolliert Schwarz wichtige Punkte im Zentrum und verfügt über die freie g-Linie.

11. Lc4	**e6**
12. Le2	**h5**

Die kurze Rochade ist riskant, es würde sogleich 13. g4 folgen.

13. Le3	**Td8**
14. Lg1	**0–0**

15. Lf3	**Sd5**
16. Sxd5	

Remisangebot von Weiß! Kasparow erklärte nach der Partie: "Ich wollte testen, wie groß Anands Selbstvertrauen war. Er überlegte einige Minuten – er hätte sofort ablehnen müssen."

16. ...	**exd5**
17. Lf2	

Der Läufer sucht eine neue Diagonale.

17. ...	**Dc7**
18. Tc1	**f6**
19. Sd3	**Tfe8**

"Keine einzige weiße Figur lebt!" ("Kurier", Wien).

20. b3	**Sb6**
21. a4	**Sc8**
22. c4	**Df7**
23. a5	**Lf8**
24. cxd5	**xd5**
25. Lh4	**Sd6**

Die schwarze Stellung sieht recht solide aus. Mit seinen nächsten Zügen leitet Kasparow eine interessante Angriffsoperation ein.

26. a6!	**b6**
27. Se5!?	

Schon in Zeitnot, beginnt der Weltmeister das Hasardspiel.

27. ...	**De6?!**

Anand verzichtet auf die Annahme des Opfers: 27. ... fxe5 28. fxe5 (28. Lxd8 c4) 28. ... Se4 29. Lxd8 Txd8 30. Tc6 Dd7, wonach Schwarz offensichtlich in Vorteil kommt. Der Tiger scheut das Risiko – er hätte besser zulangen sollen.

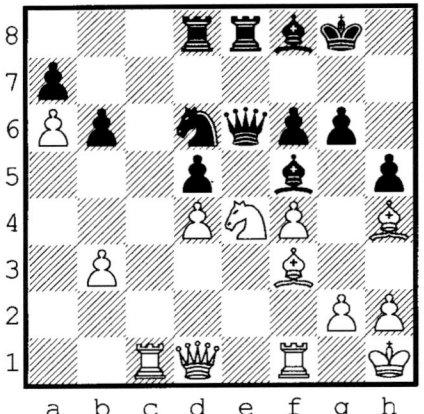

28. g4!

Jetzt wird es spannend, denn die Könige geraten langsam in die Schußlinie. Kasparow: "Unsere Blicke kreuzten sich, und wir wußten beide: das war die Wende!"

Was der Weltmeister nicht erwähnt, sind tumultartige Zustände, die sich während der entscheidenden Partiephase im nahen Zuschauersaal abspielen. Nach 28. g4! hält es viele nicht mehr auf ihren Sitzen, und der am Zug befindliche Anand wird in der nicht 100% schalldichten Kabine bei seinen Überlegungen erheblich gestört.

Schiedsrichterin Carol Jarecki ruft die Leute draußen zur Ordnung, doch um Vishys Konzentration ist es geschehen. Er verliert den Spielfaden.

28. ...   hxg4

29. Sxg4   Lg7?

Der Zug wird von den Beobachtern einhellig getadelt. Notwen-

dig war 29. ... Se4!, womit Schwarz ein wichtiges Tempo einspart.

30. Tc7   Se4

31. Se3!   Lh3

Es drohte 32. Sxf5, wonach 32. ... Dxf5? 33. Lg4 sofort verliert.

32. Tg1

Plötzlich leben alle Figuren Kasparows.

32. ...   g5

33. Lg4!

Weiß spielt stark und ist gleichzeitig auf der Hut. Er vermeidet natürlich die Fortsetzung 33. fxg5 fxg5 34. Lxg5?? Sf2 matt!

33. ...   Lxg4

34. Dxg4!

Kasparow lenkt in ein günstiges Endspiel über.

34. ...   Dxg4

35. Txg4   Sd6

Verlieren würde 35. ... gxh4? 36. Tgxg7+ Kh8 37. Th7+ Khg8 38. Tcg7+ Kf8 39. Sf5. Seirawan schlägt hier 35. ... Tc8 vor.

36. Lf2   Sb5

37. Tb7   Te4

38. f5   Txg4

Oder 38. ... Sxd4 39. Txe4 dxe4 40. Txa7 bzw. 38. ... Txd4 39. Txd4 Sxd4 40. Txa7 Sxb3 41. Tb7 d4 42. a7! dxe3 43. Tb8, und der a–Bauer wird verwandelt.

39. Sxg4   Tc8

40. Td7   Tc2?

Für seinen letzten Zug hat Vishy noch über zwei Minuten, aber er greift fehl. Mehr Widerstand leistet 40. ... Tc3 41. Txd5 Txb3, doch Weiß bleibt nach 42. Kg2 nebst h2–h4 im Vorteil.

41. Txd5

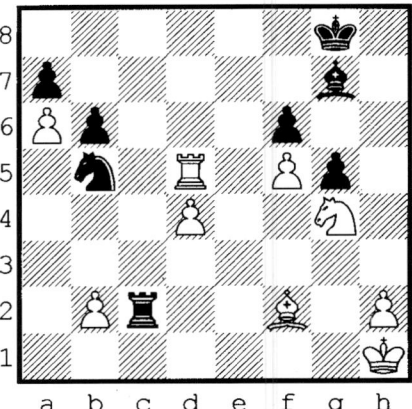

1–0

Es gibt keine Hoffnung mehr für Schwarz: 41. ... Sc7 42. Td8+ Kh7 43. Td7. Anand fehlt in der zweiten Matchhälfte einfach das Glück. Was er auch probiert, es mißlingt ihm. In dieser Partie verdirbt die Zeitnot alles. Ausgerechnet beim schnellsten Spieler der Welt, der auch "Lucky Luke" (zieht schneller als sein Schatten!) genannt wird.

Stand: 8,5 : 5,5 für Kasparow.

Der Champion stürmt auf und davon. Wird es für Vishy Anand in New York mit umgekehrten Vorzeichen ein ähnliches Debakel geben wie zwei Jahre vorher in London für Nigel Short? In der englischen Hauptstadt hatte Kasparow furios begonnen, hier ist es sein Zwischen– bzw. Endspurt, mit dem er Gegner sowie Schachwelt beeindruckt. Es bleibt die Hoffnung auf die nächste Weiß–Partie des Herausforderers.

15. Partie
5. Oktober 1995
Das Bad in der Menge

Nimmt Anand heute noch einmal sein Kämpferherz in beide Hände? Mit zaghaftem Spiel auf Sicherheit ist Kasparow nicht beizukommen. Das weiß der Inder zwar, aber dennoch wird es eine von der Dramaturgie her belanglose Partie und mit 16 Zügen eine extrem kurze. Der Weltmeister, für den das Match gelaufen ist, hat, wie es Helmut Pfleger treffend formulierte, seine Streitaxt wieder eingepackt und der Herausforderer sich wohl mit dem Schicksal abgefunden. Schon nach vierzig Minuten wird die Friedenspfeife geraucht.

Vor der Weltmeisterschaft versprach der Schach–Entertainer Kasparow einen großen Kampf. Heute zeigen die beiden Kontrahenten keinen. Wohl um die Zuschauer zu versöhnen, nimmt König Garri nach der Pressekonferenz zur Freude seiner Fan–Gemeinde und der zahlreichen Touristen auf dem Observation Deck des World Trade Centers noch ein halbstündiges Bad in der Menge.

Anand – Kasparow
Sozilianisch B76

1. e4	c5
2. Sf3	d6
3. d4	cxd4
4. Sxd4	Sf6
5. Sc3	g6

Im achten Sizilianer von New York erleben wir zum dritten

Mal die Drachenvariante. Nach
seinen guten Erfahrungen damit hat der Champion keine
Veranlassung, den Spielplan im
Schachtheater zu ändern. Wird
der Drachen zum Alptraum für
Viswanathan?

6. Le3	Lg7
7. f3	0–0
8. Dd2	Sc6
9. g4	

Anand wählt diesmal eine andere Fortsetzung. In der 11. und
13. Partie spielte er 9. Lc4. Der
Textzug bringt dem Anziehenden jedoch nicht den gewünsch-
ten Angriffsdruck ein.

9. ...	Le6
10. 0–0–0	Sxd4
11. Lxd4	Da5
12. Kb1	Tfc8
13. a3	Tab8
14. Sd5	

In der Partie Karpow – Dueball
(Schacholympiade, Skopje
1972) folgte 14. g5!ß Sh5 15.
Sd5 Dxd2 16. Txd2 Lxd5 17.

exd5 a6 18. Tg1! b5 19. c3 a5
20. La7 Tb7 21. Le3 Le5
22. Ka2 Tcc7 23. Kb3 Tb8, und
Schwarz hatte eine sichere Stellung.

14. ...	Dxd2
15. Txd2	Sxd5
16. Lxg7	Se3

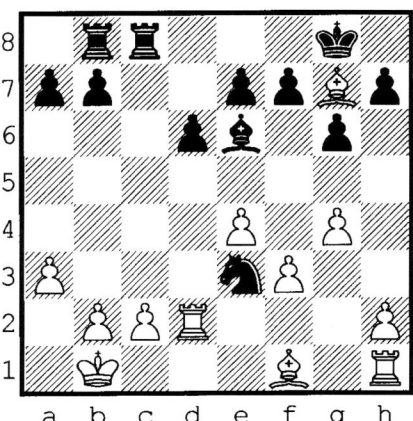

Der Weltmeister unterbreitet
mit dem Springerzug ein Friedensangebot. Nach 17. Ld4 Sxf1
18. Txf1 sind neben den Tür-
men nur noch ungleichfarbige
Läufer auf dem Brett.

Remis.

War dies die bislang kürzeste
WM–Partie aller Zeiten? –
Nein! Ein Blick ins Archiv sagt
uns, daß die Erzrivalen Karpow
und Kasparow bei ihrem "un-
vollendeten" Match 1984/85 in
Moskau mehrere Salonremisen
von 15 Zügen produzierten.
Ihre 22. Partie endete damals
sogar schon nach 13 Zügen.

Stand: 9:6 für Kasparow.

16. Partie

6. Oktober 1995

Vertauschte Rollen

Nach einer erfolglosen Woche heißt es für Anand, heute mit Schwarz nicht zu verlieren. Er strebt an diesem Freitag ein Remis an und will die bevorstehende spielfreie Zeit nutzen, um sich für die letzten Partien etwas einfallen zu lassen. Man merkt es ihm deutlich an, daß die Angst mitspielt. Kasparow hat bei seinem komfortablen Vorsprung keine Veranlassung, wilde Verwicklungen zu suchen.

Kasparow – Anand

Sizilianisch B85

1. e4 c5   c5

Spiel mit vertauschten Farben! Vishy verteidigte sich zur Abwechslung selbst Sizilianisch. Zum letzten Male geschah das im Oktober 1994 in Buenos Aires beim Thematurnier zu Ehren des inzwischen verstorbenen Lew Polugajewski.

2. Sf3	d6
3. d4	cxd4
4. Sxd4	Sf6
5. Sc3	a6
6. Le2	e6
7. 0–0	Le7
8. a4	Sc6

9. Le3	0–0
10. f4	Dc7
11. Kh1	Te8
12. Ld3	Sb4
13. a5	Ld7
14. Sf3	Tac8
15. Lb6	Db8

Die Spieler bieten bisher nichts Neues. Alle diese Züge haben wir in den ersten Partien ihres WM–Matchs schon gesehen.

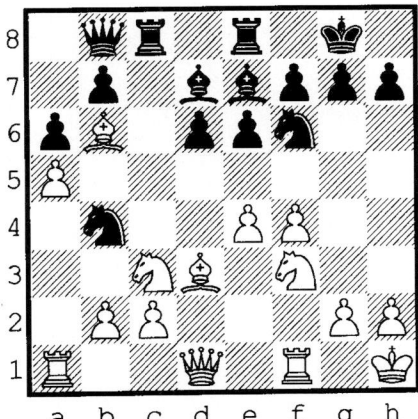

16. Ld4	Lc6
17. Dd2	Sxd3
18. cxd	Sd7
19. Lg1	Dc7
20. Sd4	

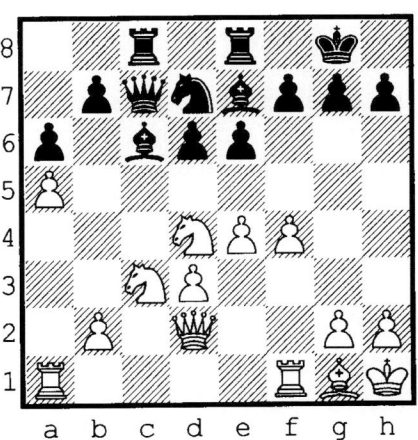

Remis.

Der Weltmeister spielte quasi gegen sich selbst, zeigte aber nicht die gewohnte Aggressivität. Fast am Ziel seiner Wünsche, vermied er jedes Risiko.

Anand betont bei der Pressekonferenz, daß der Kampf noch nicht zu Ende sei und er sich darauf vorbereiten wolle, in der nächsten Woche noch einmal anzugreifen. Im Matchverlauf habe er viel gelernt, und bei einem nächsten Titelkampf würde er einige Dinge anderes machen.

Stand: 9,5 : 6,5 für Kasparow.

17. Partie

9. Oktober 1995

Der längste Ritt

Was sehen wir heute? Ein ruhiges Unentschieden? Das letzte Aufbäumen des Tigers aus Madras? Dominiert der Respekt oder die Riskofreude? Beide WM–Finalisten haben im stillen vielleicht schon den Ausgang ihres Duells um die Schachkrone vorweggenommen. Zur Freude seiner Anhänger kämpft Viswanathan Anand in dieser Partie mit vollem Einsatz. Es wird eine der interessantesten und spannendsten Begegnungen von New York.

Anand – Kasparow
Sizilianisch B78

1. e4	c5
2. Sf3	d6
3. d4	cxd4
4. Sxd4	Sf6
5. Sc3	g6
6. Le3	Lg7
7. f3	0–0
8. Dd2	Sc6
9. Lc4	Ld7
10. h4	h5
11. Lb3	tc8
12. 0–0–0	Se5
13. Lg5	

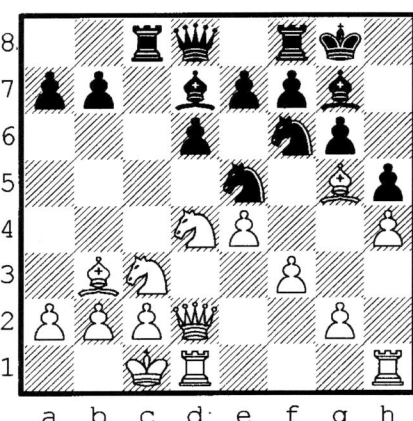

Viswanathan entschließt sich heute zu einer schärferen Gangart. Er möchte seine letzte Chance nutzen, den großen Abstand zum Titelverteidiger zu verkürzen.

13. ...	Tc5
14. Kb1	Te8

Kasparow: "Ich spürte, daß Anand diesmal etwas Neues vorbereitet hatte. Deswegen spielte ich statt 14. ... b5 das vorsichtige 14. ... Te8."

Nach der Partie ist der Weltmeister nicht mehr erbaut von seiner eigenen Vorbereitung. Sie sei zu passiv gewesen. In dieser Variante müsse auch Schwarz volles Tempo gehen. Wir konstatieren, daß es zum Theoriezug 14. ... b5 offensichtlich keine vernünftige Alternative gibt.

15. The1	Da5

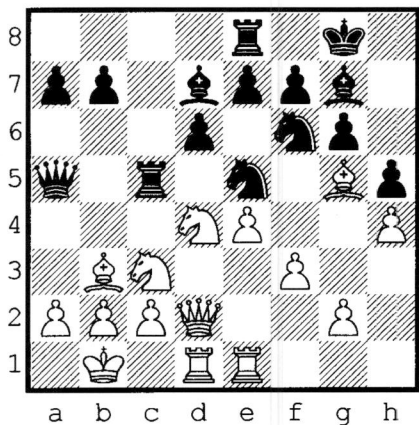

16. a3!

Nach den Worten des Inders ist das eine neue interessante Idee. Bekannt war bisher 16. f4 Seg4 17. e5 dxe5 18. Lxf7+ Kxf7 19. Sb3 Dc7 20. Sxc5 Dxc5 21. Lxf6 Sxf6 22. fxe5 Lg4 23. exf6 Lxd1 24. fxg7, wonach Weiß vielleicht etwas besser steht.

16. ...	b5
17. Lxf6	exf6

Danach wird der Bauer d6 schwach, aber 17. ... Lxf6 18. Sd5 Dxd2 19. Sxf6+ exf6 20. Txd2 ist noch ungünstiger für Schwarz.

18. Sde2	Tc6
19. Sd5	Dxd2
20. Txd2	Sc4
21. Lxc4	bxc4

Auf 21. ... Txc4 folgt 22. Se3 Tc6 23. Ted1 Lh6 24. Txd6.

22. Ted1	f5!?

Der Weltmeister demonstriert aktives Spiel. Nur so kann er den nicht leichten Kampf um Ausgleich bestehen.

23. exf5	Lxf5
24. Sd4	Lxd4
25. Txd4	Te2
26. T4d2	Txd2
27. Txd2	Kf8
28. Kc1	Le6
29. Td4	Lxd5

Schwarz verliert zwar im folgenden Turmendspiel einen Bauern, dennoch sind seine Remisaussichten hier am größten.

30. Txd5	Ke7
31. Tb5	Ke6
32. Tb7	Tc5?!

Ein Zug, bei dem sich die Geister scheiden. Manche Kommentatoren loben ihn sogar, aber Kasparow erklärt nach der Partie: "Ich plante eigentlich 32. ... a6 nebst Tc5 und g5, ließ jedoch den ersten Zug aus, so daß Anand den a–Bauern verspeisen konnte und große Gewinnchancen erhielt."

33. Txa7	g5
34. Ta8	

Oder 34. g3 gxh4 35. gxh4 Tf5.

34. ...	gxh4
35. Te8+	Kd7

Der König muß sich um den weißen a–Bauern kümmern.

36. Te4 c3	c3

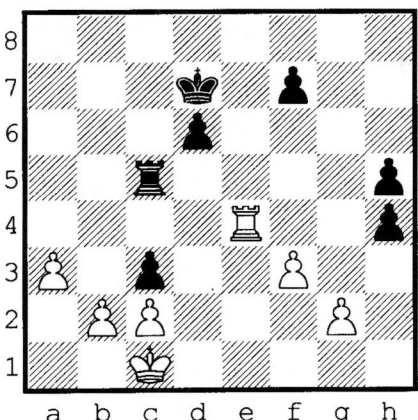

37. Txh4?!

Anand spielt ungenau. Entschieden besser ist 37. b4! Tg5 38. Txh4 Txg2 39. Kb1 Tf2 40. Txh5 Txf3 41. Ka2 f5 42. Kb3 d5 43. a4. Ein anderer Gewinnversuch für Weiß besteht in 37. bxc3 h3 38. gxh3 Txc3 39. Tf4.

37. ...	cxb2+
38. Kxb2	Tg5
39. a4	f5!?

Nach 39. ... Txg2? 40. Txh5 verliert Schwarz (Kasparow).

40. a5	f4
41. a6	Kc7
42. Txf4	Txg2
43. Tf7+	Kb8
44. Kc3	h4
45. Kd3	Tf2
46. c4?!	

Weiß verpaßt damit seine letzte Chance zum Sieg (Anand).

46. ...	Ta2
47. Ke4	Txa6
48. Th7	Ta5

Schwarz verhindert das Eindringen des feindlichen Königs auf d5.

49. f4	Kc8
50. f5	

50. Txh4 Tc5 51. Kd4 Kd7 reicht nicht zum Gewinn.

50. ...	Kd8
51. Kf4	

Nach 51. f6 Te5+ 52. Kf4 Ke8 hält Schwarz ohne Schwierigkeiten remis.

51. ...	Tc5
52. Kg5	Txc4
53. Kg6	Tg4+
54. Kf7	d5
55. f6	Kd7!

Der aktive König rettet die Partie.

56. Kf8+	Ke6
57. f7	Tf4
58. Kg8	d4
59. f8D	Txf8+
60. Kxf8	ke5
61. Txh4	d3
62. Th3	Ke4

Ein Lapsus wie 62. ... d2?? 63. Td3 passiert Kasparow natürlich nicht.

63. Txd3

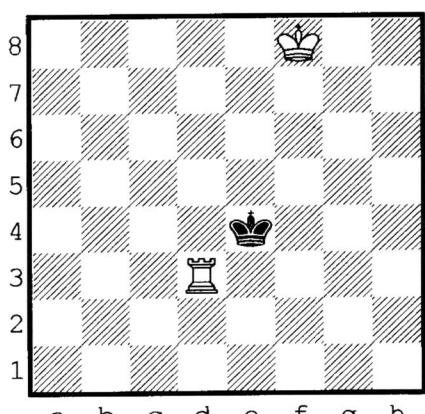

Remis.

Bis zum blanken König! So eine kämpferische Einstellung hätte man sich vom Herausforderer zu einem früheren Zeitpunkt gewünscht.

Wir sahen ein packendes Turmendspiel, in dem sich der Weltmeister durch aktive Handlungen retten konnte. Zuschauer und Journalisten sind von der Dramatik des Geschehens beeindruckt.

Anand sagt hinterher: "Kasparow versuchte, die Partie in ein bestimmtes Fahrwasser zu lenken, aber ich hatte die interessante neue Idee 16. a3. Damit wird Schwarz gezwungen, seine Absichten offenzulegen. Ich hatte für längere Zeit Druckspiel, verpaßte aber zwei große Siegchancen. Einmal mit 37. b4 und das andere Mal im 46. Zug, wo ich ein Turmschach geben mußte."

Durch das Remis ist die Entscheidung im Match gefallen, und Kasparow behält den Weltmeistertitel. Aber die Show im World Trade Center geht noch weiter, weil der Preiskuchen aufgeteilt werden muß. 10 Punkte reichen Garri zwar zur Verteidigung seiner Schachkrone, nicht jedoch, um zwei Drittel der Börse von 1,5 Millionen Dollar einzustecken. Also muß noch ein Unentschieden her. Eine leichte Übung für den Champion?

18. Partie

10. Oktober 1995

Damit die Kasse stimmt

Die gestrige Sitzung war lang und brachte Kasparow fast ans Ziel seiner Wünsche. Nach erfolgreicher Titelverteidigung geht es heute noch um die Aufteilung des Kuchens. Um die Million für sich zu bekommen, benötigt Garri nur noch ein Remis. Und er hat Weiß.

Kasparow – Anand

Sizilianisch B85

1. e4	c5
2. Sf3	d6
3. d4	cxd4
4. Sxd4	Sf6
5. Sc3	a6
6. Le2	e6

Vom Najdorf – ist man wieder ins Scheveninger System gewechselt.

7. 0–0	Le7
8. a4	Sc6
9. Le3	0–0
10. f4	Dc7
11. Kh1	Te8
12. Lf3	

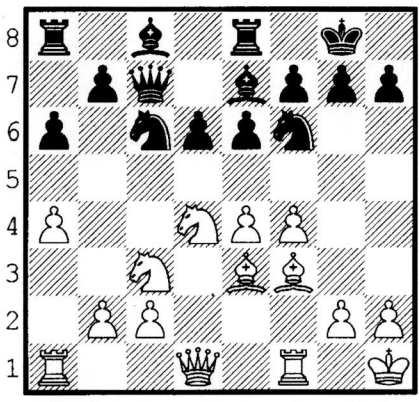

Remis.

Aus und vorbei. Nach ihrer gestrigen langen Partie bieten die beiden Meister heute keine Gala–Vorstellung mehr. Sie folgen zum Abschluß nur einige Züge lang früheren Begegnungen. Derartiges war zu erwarten. Nachdem Kasparow seinen Läufer auf f3 gestellt hat, unterbreitet er lächelnd das Friedensangebot. Anand überlegt ein paar Minuten, dann

nimmt er an und gratuliert dem alten und neuen Titelträger zum Gesamtsieg.

Wir erlebten am Ende des Duells in den Wolken die kürzeste und teuerste WM–Partie aller Zeiten. Garri Kasparow kann sich die Hände reiben. 250 000 Dollar für 12 Züge verdient man nicht alle Tage.

Auf der abschließenden Pressekonferenz bedankt sich der Weltmeister und Geschäftsmann Kasparow bei allen, die das Match unterstützt haben. Besonders hebt er das Engagement des amerikanischen Hauptsponsors Intel hervor, der die Turniere der Professional Chess Association (PCA) in den vergangenen zwei Jahren finanziert hat. Er glaube, diese Weltmeisterschaft habe eine neue Ära des Profischachs eingeleitet.

Larry Christiansen

Robert Byrne

John Fedorowicz

Roman Dzindzichashwili

Der Krieg ist zu Ende

Bei der Abschlußfeier wird der alte und neue Weltmeister von vielen Leuten umringt. Am liebsten möchte er seine Ruhe haben, doch die Meute der Journalisten bedrängt ihn. Garri Kasparow gibt an diesem Abend nur meinem Moskauer Kollegen Jurri Wassiljew von "Sport Expreß", ein Interview. Hier die wichtigsten Auszüge.

Warum machen Sie so ein finsteres Gesicht?

Ich bin furchtbar müde.

Die westliche Schachwelt wünschte Anand den Sieg, und wahrscheinlich nicht nur sie...

Ich habe hier sehr unterschiedliche Reaktionen gegenüber meiner Person verspürt: negative im Pressezentrum, positive im Zuschauersaal und im VIP–Raum. Die Mehrzahl der einfachen Schachfans drückte mir die Daumen. Dagegen zeigten die meisten Großmeister offen, daß sie meine Niederlage wollten – egal, was für Folgen dies haben könnte.

Sie sollen einer großen Zeitung gesagt haben, im Falle einer Niederlage mit dem Schach Schluß zu machen.

Derartiges habe ich niemals geäußert, und es ist mir auch nicht in den Sinn gekommen.

Sie und Anand hatten in New York jeder ihre Anhänger – aber das bestimmt doch nicht die Entwicklungstendenzen des Schachs in der heutigen Welt?

Ich denke, daß unser Match einen Wendepunkt in der Geschichte des Schachs markiert. Auf der abschließenden Pressekonferenz habe ich dazu noch nichts gesagt, aber ich bin der Meinung, diese Weltmeisterschaft hat den Schlußstrich unter eine ganze Epoche gezogen, in der stets der Kampf um die Vernichtung des Gegners geführt wurde. Die Handvoll geifernder Versager, die die objektive Realität nicht anerkennen will, hat jetzt einfach ausgespielt. Auch Karpow muß das einsehen und die Bedingungen des WM–Matchs unterschreiben.

Die Bedingungen des Vereinigungskampfes?

Ja, damit die Regelungen dieses Matchs in Kraft treten können (alle Details sind mit Campomanes abgestimmt), müssen Karpow und Kamsky die Bedingungen des Vereinigungskampfes unterschreiben.

Was sind das für Bedingungen?

Sehr einfache. Der Weltmeister spielt gegen den FIDE–Champion. Bei einem 10:10 behält der Weltmeister seinen Titel. Es sind die normalsten Bedingungen: da ist ein Weltmeister und ein Herausforderer. Im gegebe-nen Falle ist der Herausforderer der Champion einer bestimmten Organisation.

Und wenn sie diese Bedingungen nicht unterschreiben?

Wenn Karpow und Kamsky das nicht akzeptieren, ist es ihre Sache. Dann verliert die Vereinbarung zwischen PCA und FIDE jeden Sinn. Weil unsere Profiorganisation heute selbst in der Lage ist, alle Wettkämpfe durchzuführen, haben wir auch Sponsoren. Wir besitzen Reputation, die Schachspieler haben klar begriffen, daß ein Turnier auch stattfindet, wenn wir es ankündigen.

Garri, wie wird die Struktur des nächsten WM–Zyklus aussehen?

So, wie wir es schon früher festlegten: ein großes Interzonenturnier – wenn mit der Vereinigung alles normal verläuft, dann wird es im Frühjahr 1996 in Jerewan stattfinden. Dort werden die Teilnehmer des WM–Kandidatenturniers ermittelt. Es sind die Erstplazierten des Interzonenturniers, und zu ihnen gesellt sich der Verlierer unseres WM–Finales (oder auch des zweiten, in Abhängigkeit davon, wie die Vereinigung verläuft). Die WM–Kandidaten ermitteln dann den neuen Herausforderer.

Kommen Sie mit zwei Jahren aus?

Ja, natürlich mit zwei Jahren.

Wieviele WM–Partien werden künftig gespielt?

Zwanzig. Es gab die Idee, die Anzahl der Spiele auf 16 zu

reduzieren. Heute aber meine ich, das würde den Charakter des Kampfes zu sehr verändern. Man muß schon bei 20 Partien bleiben.

Behält der Champion seine Privilegien?

Ein einziges Privileg: Beim Stand von 10:10 hat er den Titel verteidigt. Ich sehe nicht ein, warum ich auf diesen Bonus verzichten soll. Nicht einer meiner Herausforderer hat mich zuletzt ernsthaft gefährden können: Short verlor mit minus 5, Anand mit minus 3 Partien gegen mich.

Einer Ihrer potentiellen künftigen Gegner war in Ihrem Team – Wladimir Kramnik. Was ist, wenn Sie plötzlich gegen ihn ein WM–Match spielen müssen?

Wir haben hervorragende Beziehungen. Wenn wir gegeneinander spielen müssen, tun wir es. Wladimir hat viel gesehen und über mich erfahren, und ich habe viel von ihm mitbekommen. Wenn es sein muß, werden wir miteinander kämpfen, uns vorbereiten und irgend etwas ausdenken.

Reale Anwärter auf den WM–Titel sind wohl Iwantschuk, Kramnik, Anand und Kamsky?

Ja, das sehe ich auch so. Wenn man sie alle zusammennimmt, würde das einen sehr starken Herausforderer ergeben. So aber hat jeder einzelne seine Schwächen. Im Moment denke ich, daß meine Chancen in einem Kampf mit jedem von ih-

nen immer noch größer sind.

Neben dem Schach beschäftigen Sie sich mit vielen anderen Dingen. Vergeuden Sie damit nicht Ihre Kräfte?

Selbstredend! Aber es wird weniger. Vor allem kostet der Kampf gegen die FIDE nicht mehr soviel Kraft wie früher. Dann ging auch endlich meine lange Scheidungsgeschichte zu Ende, das ist ebenfalls sehr wichtig. Viele Probleme meines Lebens sind nach und nach gelöst worden. In diesem Jahr habe ich in Kroatien ein erfolgreiches Trainingslager absolviert, das mich an gute alte Zeiten erinnerte. Meine Form kehrte zurück. Wie das Match zeigte, konnte Anand trotz seiner langen Vorbereitungszeit nichts Reales erreichen. Als ich das Tempo anzog, was alles schnell zu Ende.

Können Sie sagen, wieviel Prozent Ihrer häuslichen Vorbereitung in New York hinter den Kulissen blieben?

Etwa 80 bis 85 Prozent meiner Präparationen brauchte ich nicht anzuwenden.

Das heißt, wir sehen sie in späteren Turnieren.

Natürlich.

Kam Anands Taktik Ihnen entgegen?

Er spielte zunächst abwartend und versuchte, mit Weiß Druck zu machen. Als ich seine Eröffnungen geprüft hatte, wurde ihm klar, daß sein ruhiges Le-

ben in der zweiten Matchhälfte durch einen Gegenschlag beendet werden wird. Bis zur zehnten Partie hat sein Team faktisch nichts getan und alles gezeigt, was es für das Match in petto hatte. Es erwies sich, daß Anand mit Weiß auf die Drachenvariante überhaupt nicht vorbereitet war. Mit Schwarz hat er ständig die Eröffnungen gewechselt.

Wann kam die Wende, in der zehnten Partie?

Nein, in der elften, als der "Drachen" auf der Bühne erschien. Auf Grund meiner großen Erfahrung habe ich instinktiv diese Strategie gewählt. Daß auf 1. e4 der Offene Spanier zu erwarten war, konnten wir uns vorher denken. Es gab da eine interessante Idee, aber sie war sehr gefährlich, man mußte daran arbeiten. In der 14. Partie – Skandinavisch – hatten wir wilde Verwicklungen, und ich gewann. Das Match war entschieden.

Es war Ihr siebentes WM–Duell. Wodurch zeichnete sich der Wettkampf gegen Anand aus?

Es war ein Wendepunkt nicht nur in der Schachgeschichte, auch in meinem Leben. Ich sehe jetzt viele Dinge anders. In den vergangenen zwei Jahren hat sich mein Leben geändert. Ich kämpfte an vielen offenen Fronten. Jetzt aber ist das Hinterland gesichert. Der russische Schachverband funktioniert; es tauchte ein Mann wie Makarow auf, der sehr viel für das Schach tut und der mir in meinen Kämpfen geholfen hat. Die PCA lebt, und mein Privatleben hat sich stabilisiert. Das wichtigste aber ist: ich habe meinen Titel verteidigt.

Wie geht es jetzt mit Ihnen im beruflichen, geschäftlichen und persönlichen Leben weiter? Wird es besser? Oder geht es wieder von Match zu Match?

Ich habe umfangreiche Erfahrungen gesammelt und sehe vieles neu. Solche Sprünge wie früher wird es nicht mehr geben. Meine Saat ist aufgegangen und der Krieg zu Ende. Man kann jetzt einfach spielen und das Schach genießen.

Wie steht es mit Ihren politischen Ambitionen in Rußland?

Ich bin fest entschlossen, mich in keinerlei Dinge des politischen Lebens in Rußland mehr hineinziehen zu lassen, weil ich nicht einer von vielen sein will. Ich möchte noch manches vollenden: im Schach und darüber hinaus viele Sachen, die mir nötig erscheinen, nachdem ich Champion geblieben bin.

Werden Sie in Rußland oder im Westen leben?

Diese Frage habe ich für mich schon lange entschieden: nur in Rußland!

Wie geht es mit der PCA weiter? Bitte noch ein Wort zum neuen Vertrag!

Es wird eine neue, gute Vereinbarung geben, die Details werden gerade ausgearbeitet. Der Vertrag wird nicht gleich veröffentlicht, aber ich kann sagen, daß er für die Dauer von zwei Jahren gelten wird.

Wird die Gesamtsumme erhöht, ober bleibt es bei der alten?

Drücken wir es so aus: Die Summe sagt uns zu. Die Hauptsache aber ist, daß wir große Freiheit haben. Jetzt können wir auch andere Sponsoren gewinnen, was uns früher nicht möglich war.

Welche PCA–Turniere planen Sie?

Grundlage bleiben die Grand–Prix–Wettbewerbe im Schnellschach. Diese Linie zur Popularisierung des Spiels wird beibehalten. Dazu kommt die Weltmeisterschaft. Mehr interessiert uns nicht.

Gata Kamsky

Wladimir Kramnik

Wassili Iwantschuk

Die absolute Kontrolle

Das Duell in den Wolken ist zu Ende. Garri Kasparow hat es erwartungsgemäß gewonnen. Am Ende kontrollierte er das Match nach Belieben. Der Weltmeister mußte sich jedoch in der zweiten Halbzeit von New York erheblich steigern, um sein Ziel zu erreichen. Ihm kam dabei entgegen, daß der Herausforderer Viswanathan Anand in der Mitte des Wettkampfes eine Schwächeperiode durchmachte.

So bleibt die Weltmeisterschaft der Professional Chess Association 1995 als Match mit zwei ganz verschiedenen Hälften in Erinnerung. In den ersten acht Partien belauerten sich die beiden Schachtitanen auf dem Aussichtsdeck des World Trade Centers wie Boxer im Ring. Keiner von ihnen öffnete seine Deckung, um sich nicht die geringste Blöße zu geben.

Bis zur neunten Partie, die er gewinnen konnte, machte Anand eine ausgezeichnete Figur. Plötzlich lag der Herausforderer überraschend in Führung. Wer weiß, wie alles verlaufen wäre, wenn der Tiger aus Madras vorher seine Chancen im dritten Spiel ebenso konsequent genutzt hätte?

Sein einziger Sieg kurz vor der Halbzeit gab dem indischen Großmeister seltsamerweise keine Sicherheit. Ab der zehnten Partie agierte Vishy Anand nervös und schien gelähmt wie das Kaninchen vor der Schlange. In diesem Spiel – dem besten von New York – zerstörte Kasparow mit einem brillanten Angriff die Kampfmoral des Herausforderers.

Das Match kulminierte, als der Champion nach seinem ersten Sieg am nächsten Tag in der 11. Partie – bedingt durch ein unglaubliches Versehen Anands – einen Doppelschlag landete.

Kasparow wiederholte diesen noch einmal im 13. und 14. Spiel, womit der Widerstand seines jungen Gegners endgültig gebrochen war. Von dem psychologischen Knacks erholte sich Anand nicht wieder.

In einem SPIEGEL – Interview hat der Inder die Ursachen seiner Niederlage analysiert. Nicht Kasparows Stärke, sondern seine Schwäche sei der Grund dafür gewesen, daß er in wenigen Tagen vier Spiele verloren habe. "In der 11. und 13. Partie hat Garri für alle sichtbar ein Messer hingehalten; ich bin auch noch fröhlich hineingelaufen." Nach der 14. Partie sei diese Weltmeisterschaft praktisch entschieden gewesen. In dem Gespräch, das noch während des Wettkampfes geführt wurde, gab Anand eine weitere plausible Erklärung für seine Fehler in New York: "Es klingt paradox, aber solch ein Match erzeugt eine Übermotivation. Ich war so konzentriert, daß es zu einer Blockade kam. Es fehlte die Lockerheit. Vielleicht hätte ich mich öfter entspannen sollen."

Interessante Einsichten eines jungen WM – Herausforderers, der zum ersten Mal um die Krone spielte und die Zukunft noch vor sich hat. Vishy Anand hat versprochen, aus seinen Fehlern zu lernen. Beim nächsten Mal will er es besser machen.

Garri Kasparow hat in New York einmal mehr bewiesen, daß er noch immer stärkster Schachspieler der Gegenwart ist. Zum fünften Male verteidigte er mit Erfolg den WM – Titel und will, wie wir hörten, seine beispiellose Karriere fortsetzen.

Vor der Weltmeisterschaft hatte der Champion nur 50 Tage Zeit, sich zu präparieren – zu sehr war er mit anderen Dingen beschäftigt, während sein Herausforderer über drei Monate in die Vorbereitung investierte. Das Match in Manhattan zeigte, daß ein Kasparow ebenbürtiger Spieler derzeit nicht in Sicht ist.

Am ehesten könnte ihn wohl sein ewiger Rivale Anatoli Karpow gefährden, der als FIDE-Weltmeister noch immer nicht weiß, wo sein ebenfalls für 1995 geplanter WM-Kampf gegen Gata Kamsky stattfinden wird.

Kasparow plant für 1996 das Vereinigungsmatch zwischen den beiden Champions von PCA und FIDE. Die Schachwelt wartet ebenfalls darauf. Sie will nur einen Weltmeister. Aber da

sich König Garri als Titelverteidiger sieht und den Weltmeisterbonus beansprucht, wird dies ein äußerst schwieriges Unterfangen. Antoli Karpow dürfte schwerlich die für ihn unakzeptable Bedingung des Vereinigungsmatchs unterschreiben, wonach seinem Erzfeind Kasparow ein Unentschieden genügt, um auf dem Schachthron zu bleiben.

Der Weltorganisation FIDE, die

in einer tiefen Krise steckt, stehen schwere Zeiten bevor. Die PCA dagegen hat ihren ersten WM-Zyklus 1993 – 95 beendet. Der Vertrag mit ihren Sponsoren wird nach Kasparows Worten um zwei Jahre verlängert. Geldgeber für die FIDE sind dagegen nicht in Sicht. Wie es aussieht, hat König Garri wieder einmal als einziger die Kontrolle über alles, nicht nur auf dem kleinen, sondern auch dem weltweiten Schachbrett.

Das Match im Überblick

PCA–Weltmeisterschaft Kasparow – Anand
World Trade Center – New York
11. September bis 10. Oktober 1995

Partie	1	2	3	4	5	6	7	8	9	10	11	12	13	14	15	16	17	18	G
Anand	1/2	1/2	1/2	1/2	1/2	1/2	1/2	1/2	**1**	**0**	**0**	1/2	**0**	**0**	1/2	1/2	1/2	1/2	**7,5**
Kasparow	1/2	1/2	1/2	1/2	1/2	1/2	1/2	1/2	**0**	**1**	**1**	1/2	**1**	**1**	1/2	1/2	1/2	1/2	**10,5**

1. Partie:	Anand – Kasparow,	Sizilianisch	B85	27 Züge	Remis
2. Partie:	Kasparow – Anand,	Nimzoindisch	E34	29 Züge	Remis
3. Partie:	Anand – Kasparow,	Sizilianisch	B85	36 Züge	Remis
4. Partie:	Kasparow – Anand,	Englisch	A17	21 Züge	Remis
5. Partie:	Anand – Kasparow,	Sizilianisch	B85	27 Züge	Remis
6. Partie:	Kasparow – Anand,	Spanisch	C80	28 Züge	Remis
7. Partie:	Anand – Kasparow,	Sizilianisch	B85	25 Züge	Remis
8. Partie:	Kasparow – Anand,	Schottisch	C45	22 Züge	Remis
9. Partie:	Anand – Kasparow,	Sizilianisch	B85	35 Züge	1–0
10. Partie:	Kasparow – Anand,	Spanisch	C80	38 Züge	1–0
11. Partie:	Anand – Kasparow,	Sizilianisch	B78	31 Züge	0–1
12. Partie:	Kasparow – Anand	Spanisch	C78	43 Züge	Remis
13. Partie:	Anand – Kasparow,	Sizilianisch	B77	25 Züge	0–1
14. Partie:	Kasparow – Anand,	Skandinavisch	B01	41 Züge	1–0
15. Partie:	Anand – Kasparow,	Sizilianisch	B76	16 Züge	Remis
16. Partie:	Kasparow – Anand,	Sizilianisch	B85	20 Züge	Remis
17. Partie:	Anand – Kasparow,	Sizilianisch	B78	63 Züge	Remis
18. Partie:	Kasparow – Anand,	Sizilianisch	B85	12 Züge	Remis

Favorit unter den Eröffnungen dieser Schach–WM war Sizilianisch, das elfmal (!) gespielt wurde, dreimal kam Spanisch und je einmal Englisch, Nimzoindisch, Schottisch und Skandinavisch aufs Brett.

Hostess Pauline, vertritt einen russischen
TV–Kanal.

Das Publikum spielte mit.

Großmeister analysieren

Hostess Emma

Danksagung

An diesem Buchprojekt haben viele Leute Anteil.

Mein Dank gilt Garri und Vishy, die mit ihren Partien im Top of the World den Stoff für "Duell in den Wolken" geliefert und die entscheidenden Augenblicke des Matchs kommentiert haben.

Ich danke meinen New Yorker Quartiereltern Faina und Isaac, den Bulletinmachern, allen Interviewpartnern sowie WM-Pressechef Andrew Finan für ihre Aufgeschlossenheit und Hilfe. Zu würdigen sind das Vertrauen und Engagement meines Verlegers sowie die gute Arbeit von Kathrin Steuer, Dr.

Klaus Kapr und Franz Stahl.

Ein besonderes Verdienst kommt Magister Gerhard Bruckner zu. Mein Wiener Schachfreund war so freundlich, die aufwendige Herstellung des Buches zu unterstützen.

Dagobert Kohlmeyer

Dagobert Kohlmeyer

"Sizilianisch Pur.
Buenos Aires '94"

**ISBN 3-86155-063-6; 120 Seiten; Festeinb./SU;
Farbteil; Format 27x21 cm; DM/sFr. 39,80 / öS. 311,–**

Miguel Najdorf im World Trade Center in New York:
"Gratuliere! Ein großartiges Buch!"

Dieter Auer Vorsitzender des Badischen Schachverbandes:
"Sizilianisch Pur" hebt sich vom üblichen Genre ab.

"Rochade Europa", Nr.7/1995:

Der Neuling auf dem Schachbuchmarkt, der Verlag Bock & Kübler (Fürstenwalde/Spree) feiert ein beachtliches Debüt. Das Werk von Dagobert Kohlmeyer besticht vor allem durch die hervorragenden Fotos. Zweifellos ist der Berliner Journalist der beste deutsche Schach–Fotograf. Dem trug man Rechnung, als man zehn Seiten für Farbfotografien einplante.

Richtig Fleisch bekommt der Leser jedoch auf den 112, sehr augenfreundlich layouteten Seiten geboten. Vom Beginn der Sizilianischen Verteidigung über historische Partien führt Kohlmeyer hin zum Hauptereignis: dem Thematurnier in Buenos Aires, das zu Ehren des 60. Geburtstages von Lew Polugajewski veranstaltet wurde. Ein Stück weit huldigte der Wettbewerb – und auch das Buch – Miguel Najdorf, dem großen alten Mann des argentinischen Schachs. Das Turnier selbst wird kurzweilig präsentiert, weil von Interviews mit Najdorf, Karpow, Kamsky und dem Sieger Salow umrahmt. Hartmut Metz

"Schach aktiv", Gratz, Nr. 5/1995:

"Sizilianisch Pur" heißt Dagobert Kohlmeyers prachtvoller Band, der das Schachprogramm des jungen Verlages Bock & Kübler würdig eröffnet. Er ist nicht nur ein Turnierbuch, auch ein ideales Geschenk. Es geht nicht nur um Buenos Aires, mit Interviews, vielen Geschichten und allen Partien des Polugajewski–Turniers, sondern auch um die am häufigsten gespielte Eröffnung. Eine Historie dieses von Polerio und Greco um das Jahr 1600 erstmals erwähnten Systems steht am Beginn des Buches, gefolgt von 12 unsterblichen Partien, von Schlechter – Lasker, Wien 1910, bis Short – Kasparow, London 1993. Harald Steiner.

Schachbücher von Alexej Suetin
im Verlag Bock & Kübler

Suetin, A.: Bronstein.
Moderne Schachschule am Beispiel der schönsten Partien eines Schachgenies.
ISBN 3-86155-051-2
Die schier unerschöpfliche Schachpraxis des genialen Schachkünstlers Bronstein ist der Stoff, aus dem der Autor Wege zur schachlichen Vervollkommnung herleitet. Anschaulich, scharfsinnig, unterhaltsam – wie immer bei Suetin: Schach vom Feinsten.

Suetin, A.: Petrosjan.
Superfeiner positioneller Blick, tiefgründige Strategie und raffinierte Taktik.
ISBN 3-86155-056-3
Der Autor – 20 Jahre Freund, Spielpartner, Trainer und Sekundant von Tigran Petrosjan – offenbart ein völlig neues Bild des 9. Weltmeisters. Die Höhen und Tiefen einer Weltmeisterlaufbahn: Glanzvollen Siegen folgten verheerende Niederlagen.

Mehr als 20 Schachbücher sind in deutscher Sprache von Alexej Suetin, dem Internationalen Großmeister, Journalisten, Theoretiker und Trainer von Schachweltmeistern erschienen.

Im Verlag Bock & Kübler werden 1995/96 von Alexej Suetin neue Schachbücher herausgegeben:

Suetin, A.: Stunde der Sekundanten.
ISBN 3-86155-050-4
Ein orginelles, in der bisherigen Schachliteratur einzigartiges Werk. Der Autor vermittelt Erfahrungen, Erkenntnisse und vielfältige Analysen aus seiner Tätigkeit als Staatstrainer Rußlands, als Sekundant bei WM-Titelkämpfen. Die Schlußfolgerungen für das moderne Schach werden selbst Spitzenspieler überraschen.

Suetin, A.: Schachzeiten.
Eine Rückschau auf 50 Jahre Weltschach.
ISBN 3-86155-064-4
Erleben Sie mit dem Großmeister Alexej Suetin die Entwicklung des Weltschachs in der 2. Hälfte unseres Jahrhunderts. Ein Mitgestalter und Kenner des Weltschachs äußert sich. Ein Buch, das jeder Schachfreund lesen muß, der über die Geschichte des Weltschachs informiert sein will.

Diese neuen Bücher von Alexej Suetin erscheinen im
Verlag Bock & Kübler, Dr.-Wilhelm-Külz-Str. 60,
15517 Fürstenwalde, Tel./Fax 03361/57621
Jedes Buch 224 S., Festeinband, DM 24,80.
Hinweis für Buchhandlungen:
Der Verlag liefert seine Bücher über
VAH Jager, Lützowstr. 105/106, 10785 Berlin;
***Tel. 030/261 1641-44, Fax 030/262 8941** aus.*

Literatur

Bücher:

Kohlmeyer, D.: Die Doppel–WM. Rochade Europa, Maintal 1993

Kohlmeyer, D.: Wie schlägt man den Weltmeister? Insel Verlag 1995

Kohlmeyer, D.: Sizilianisch Pur. Buenos Aires '95. Verlag Bock & Kübler, Fürstenwalde 1995

Programm der Schach–WM Karpow–Kasparow. Moskau 1985, Verlag Sowjetskij Sport, Moskau 1985

Umkämpfte Krone. Sportverlag Berlin 1988

Periodika:

1995 Intel World Chess Championship. Official Bulletin.
Die Schachwoche. Caissa AG, Samerstorf, Nr. 37, 38, 39, 40, 41/1995
Rochade Europa. Maintal, Heft 10/1995
Schach. Sport und Gesundheit Verlag GmbH, Berlin, Heft 10/1995
Schach Magazin 64. Bremen, Nr. 18, 19, 20/1995
Schach Report. Hollfeld, Heft 10/1995
Der Spiegel. Nr. 41/1995
Die Welt
Kurier (Wien)
New York Times
USA Today

Mit dem Pokal

Der Entertainer Kasparow

Konzentration ist alles

Kasparows Mutter
Klara Schagenowna

Anands Eltern
Susila und Krishnamurthi Viswanathan

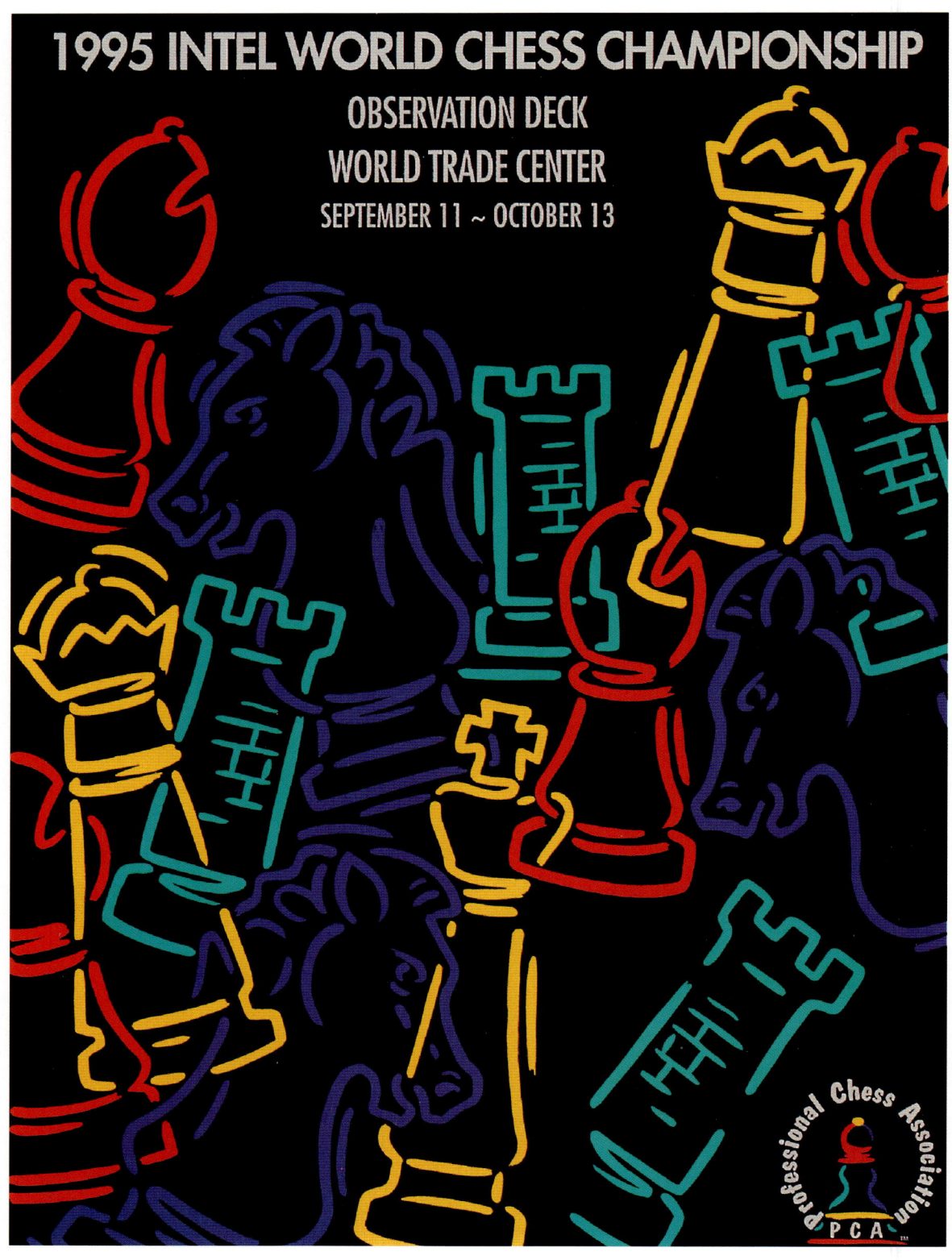